Jani Pascal

**Contes populaires
du Canada français**

À lire à haute voix...

« Mémoires »

Planète rebelle

**Fondée en 1997 par André Lemelin,
dirigée par Marie-Fleurette Beaudoin depuis 2002**
7537, rue Saint-Denis, Montréal (Québec) H2R 2E7 CANADA
Téléphone : 514. 278-7375 – Télécopieur : 514. 373-4868
info@planeterebelle.qc.ca
www.planeterebelle.qc.ca

Révision : Janou Gagnon
Corrrection : Corinne De Vailly
Correction d'épreuves : Gilles G. Lamontagne
Illustration de la couverture : Maïa Pons
Illustrations p. 49 : Anne de Broin et p. 60 : Félix Hurtubise
Conception de la couverture : Marie-Eve Nadeau
Mise en pages : Marie-Eve Nadeau
Impression : Transcontinental Métrolitho

Les éditions Planète rebelle remercient le Conseil des Arts du Canada de l'aide accordée à leur programme de publication, ainsi que la Société de développement des entreprises culturelles du Québec (SODEC) et le « Gouvernement du Québec – Programme de crédit d'impôt pour l'édition de livres – Gestion SODEC ». La maison d'édition remercie également le ministère du Patrimoine canadien du soutien financier octroyé dans le cadre de son « Programme d'aide au développement de l'industrie de l'édition (PADIÉ) ».

Dépôt légal : 4ᵉ trimestre 2011
Bibliothèque et Archives nationales du Québec
Bibliothèque et Archives Canada
ISBN : 978-2-923735-26-9

© Planète rebelle, 2011.
Imprimé au Canada.

À René.

Table des matières

Avant-propos pour Ti-Jean 9
Ti-Jean, fin-voleur 11
La p'tite, p'tite femme 41
La chatte blanche 45
Les gaillards de Mandeville 61
Souris et Tison 65
Dis-moi comment je me nomme 75
Le roi Tracas et le meunier Sans-Soucy 83
Le petit moulin 91
L'Oiseau de Vérité 95
Le fils de Thomas 127
La souris grise 145
Le franc devineur dans l'âme 149
Prends ce panier, ma Loup-Loup 159
Le père qui voulait épouser sa fille 167
Morvette et Poisson d'or 187
Les parties du corps ou de leur place dans l'anatomie ... 199
Le Diable et ses trois cheveux d'or 205

Bibliographie 221
Mot de l'auteure à propos des illustrations 229

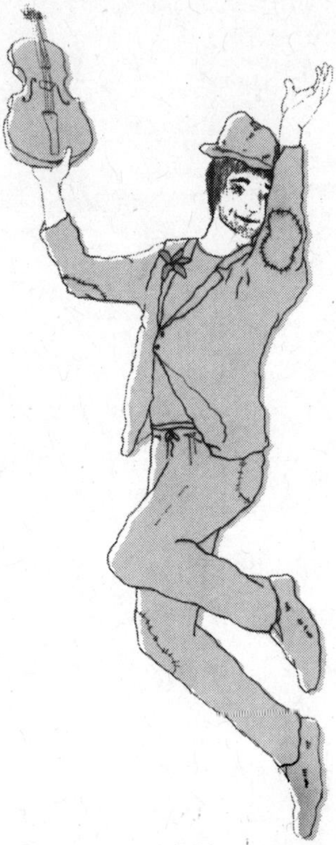

Avant-propos pour Ti-Jean

*Hommage au valeureux héros
de la tradition orale canadienne-française*

D'où sort-il, celui-là, qui nous ressemble comme ça ?
Est-ce le goût de la diablerie
qui nous inspire mille ergoteries,
à nous, histrions[1] à la vergogne tordue,
lorsque nous l'affublons des mœurs les plus dissolues ?
Où répondons-nous à l'esprit gaulois de notre auditoire
qui demande un galbandeux[2] notoire
qui ne craigne ni les lois du curé ni celles du roi ?
Un qui laisse pleurer sa mère, un qui dupe son père,
un qui applique la loi du talion
à coup de poing ou de talon ?
Un dont le plus beau fleuron est sa collection de méfaits
piquée à son caluron[3]...

Il est laid comme Corne en Q[4], voleur comme Raquelore[5],
il est menteur, il est retors, il tue.
Un galvaudeux avec qui personne ne voudrait avoir à faire,
mais dont tout un chacun se délecte de la dernière affaire.

Notre héros calque-t-il ses traits de paillard
son arrogance, sa fourberie,
sur le fabliau du goupil, du *Roman de Renart*,
toujours tirant son épingle du jeu par une pitrerie ?
Ce cher Ti-Jean, cet enjôleux,
est-il vraiment de notre lignée ?
Oui, les conteux ou les conteuses avant nous l'ont classé
comme étant l'un de la famille... de la branche éloignée.

Un mouton noir!
On a beau lui braquer l'éteignoir,
comme une apparition, un beau soir,
le voilà qui ressout du terroir.

---

[1] *Histrion* : acteur, personnage qui se donne en spectacle.
[2] *Galbandeux* : galvaudeux, bon à rien.
[3] *Caluron* : calotte, petite casquette sans visière.
[4] *Corne en Q* : autre nom donné à Ti-Jean selon les versions des contes.
[5] *Raquelore* : encore un autre nom donné à Ti-Jean.

Ti-Jean, fin-voleur

Il était une fois, dans la soixantaine bien sonnée,
sans argent, sans dessein, sans postérité,
un vieux et sa vieille
qui vivotaient de la bienfaisance providentielle.

Ils ne demandaient aux cieux
que leurs galettes de sarrasin,
ils ne désiraient pas mieux
que leur bicoque de rien.

Surprise ! Miracle !
Au milieu de ce train-train dégarni,
la vieille, d'un petit,
accouchit !
De fierté, d'émotion ou de jalousie
le mari
mourit...

La veuve, vieille et dépourvue,
n'avait pas prévu
qu'il eût fallu compère et commère
à nouvel enfant arrivant sur Terre.

— Ne chiale pas, petit,
cela te fait encore plus rabougri.
Viens dans mes bras, tout contre,
et allons sur le chemin.
Je te promets que le premier couple que je rencontre
sera ta marraine et ton parrain.

La vieille Jeanne,
sur le pas de sa cabane,
le regard et l'oreille scrutateurs
placés au-delà
des vagissements du bébé la-la,
voit surgir, intimidateurs,
dans leur équipage de semaine
le curé, le roi et la reine.

— Que caches-tu dans ces haillons?

— Un enfançon,
sire mon roi.

— Tu n'es plus d'âge
à attendre le sauvage.

— Je sais bien, sire mon roi,
mais faut croire que mon vieux
voulait me laisser un héritage.
Je ne pense pas
qu'il aurait pu faire mieux.

Votre Majesté, j'ai promis
à mon petit,
pour calmer ses pleurs,
de trouver un parrainage.
Accepteriez-vous,
votre dame et vous,
de nous faire l'hommage compérage
d'être dans les honneurs?

— Pour toi, Jeanneton,
nous acceptons
le compérage de ton rejeton;
plus encore, nous veillerons
à son éducation.

Sur-le-champ, monsieur le curé,
que diriez-vous de le baptiser ?
— Voilà une excellente intention.
Je crains, Jeanne, qu'à ton sein, il ne trouve goutte.
De toute façon, vu ses origines,
il ne fera pas de vieux os sur la tétine.
Regardez-moi ces yeux rouges comme un mâle de tourte.
Petit... petit maigrichon,
je te baptise Ti-Jean.

— Oh ! monsieur le curé, comme il est *chéti* !
Nous ne risquons pas grand-chose, nous aussi,
à lancer la prophétie
qu'il ne connaîtra pas un long destin.

Eh bien ! malgré le peu d'espoir
qu'à sa naissance l'orphelin
laissa entrevoir,
le Ti-Jean prit du poil de la bête,
et de la vigueur, il en fit assez connaître.

Puis le temps a filé comme sur une fusée
et, un beau jour, son parrain, le roi,
le casa à l'étude
de la grammaire,
des chiffres et des lois.

Le curé, lui,
en mettant à profit
les aptitudes
du filleul protégé,
surveilla de son côté
de son âme le salut.

Mais... mais... rapportons...
les choses comme elles vont :
malgré ces fidèles cicérones,
c'est surtout l'école buissonnière
qui aiguillonne
le développement
des talents
de Ti-Jean.
Il n'exprime ni intérêt ni disponibilité
pour les humanités.

Il se fait rapidement une réputation
dans les environs :
encore tout gamin, il a la main
pour les petits larcins.
Par exemple, il subtilise à une grive, couvant sa couvée,
les œufs de son nid, sans la déranger.

Ti-Jean, fin-voleur

Il invente des tours pendables
que pour le plaisir de la blague.
Des tours où le Diable
aurait demandé grâce!
Comme le jour où il se fait passer
pour un Syrien, un colporteur,
et où, pendant des heures,
il enjoint à un innocent
de planter le doigt, à travers la paille,
au cul de la femme d'un paysan
pour bloquer l'orifice de... de... ddd'un nid d'abeilles!
Oui, il vaut mieux que je bégaie
et n'être pas trop claire là-dessus,
quelques mots de plus
et mon style est fichu.
Et regretter plutôt que ses compagnons, les canailles,
les tire-laine, les coupe-jarrets,
lui aient fait faire ses classes
dans les tripots plutôt que les débits de lait.

Sa vieille maman
qui n'avait aucun rudiment
pour élever son garnement
allait très souvent
prier la sainte au couvent:

— Ô, douce sainte dans les cieux, ayez pitié.
Prenez soin de mon Ti-Jean.
Que deviendra-t-il quand il sera grand?
Quel métier devrais-je lui conseiller?

À sa fervente prière,
dans le silence du sanctuaire,
une voix
émane de l'au-delà:
« FIN-VOLEUR, MA BONNE JEANNE, FIN-VOLEUR! »

Quelle révélation !
La dévote se répand d'abord en lamentations,
puis en méditations,
puis en génuflexions,
et quitte du bon Dieu la maison.
Ti-Jean était connaissant
de tous les recoins du couvent.
Vous pensez bien que celui qui l'avait baptisé
l'avait initié à tous les lieux de piété.

Il y avait dans la chapelle,
à droite du maître-autel,
une statue de la madone au chapelet
dont la face arrière se décloisonnait.
Cette fois-là, Ti-Jean s'y introduisit.

Peti-pétan,
la crédule revint à sa cabane
et rejoignit son Ti-Jean.
Il était déjà étendu sur le sol,
tirant des pois à la sarbacane
sur les oiseaux en vol.

— Ah! Ti-Jean, toujours dans la fainéantise
à n'en faire qu'à ta guise.
As-tu songé à ton avenir?
Que vas-tu devenir?

— Fin-voleur,
mère de mon cœur!

— Deux... fois... la même réponse en une heure...
Vous me ferez mourir, doux Seigneur!
Il me faut consulter le roi,
lui qui veut son bonheur.

Elle avait facilement ses entrées chez le roi,
celle-là.
En effet, l'inoffensive monomane,
tous les matins, avec son panier,
venait chercher sa manne
chez le royal cuisinier
et informait le monarque,
au passage sous l'arc,
de tous les exploits ou actions
de son fiston.

— Celui-là, toujours il m'entortille!
Quand jouirai-je tranquille
de la paix de ma famille
avec ma femme et ma fille?
Fin-voleur! Fin-voleur!
Vieille, tu as mis au monde un farceur!

— La divination de la madone au couvent
m'a révélé la même chose, une heure avant.

— Peu importe les augures de ta sainte ou des ex-voto,
cela ressemble bien aux facéties de mon fillot.
Puisqu'il est si faraud,
dis-lui que je veux le voir, illico!

La veuve passe par la cuisine, au bout...
Eh bien, c'est sa manie!
Il vaut mieux faire du même coup!
Elle appelle ça son pain béni.
Elle rentre chez elle avec son goûter,
donne une croûte à Ti-Jean et lui dit de vite y aller.

— Bonjour, bonjour, mon roi parrain!
Comme vous avez un bon air, ce matin!

— Ça va! Ne farfine[1] pas avec moi, Ti-Jean!
Tu attrapes à peine tes quinze ans
et tu as plus le nez à la dérive
que dans tes livres!
Ah! tu veux devenir fin-voleur?
Je vais te fournir l'occasion
de me prouver ta valeur.
Tu viendras voler cette nuit
mon cheval noir à l'écurie.
Mais attention,
il sera très bien surveillé.
Si demain matin tu n'as pas réussi,
je t'enfile la tête dans ma potence, compris?

— Compris ! Compris, mon roi parrain !
Mais ne croyez pas que vous me contraignez,
je suis entrain,
cela ne peut pas mieux tomber !
En attendant,
soyez patient
la nuit terminée,
votre cheval ne sera plus au râtelier.

Il a salué.
Dans sa tête, il a remué une idée.
Le temps a passé.
Le soir est venu.
Et devant l'écurie désignée,
en mendiant ventru
est apparu !

— Eee, bonjour la compagnie!
C'est vous, leee chef de l'infanterie?

— Oui, c'est moi qui suis le chef.
Et ce n'est pas l'heure de la forfanterie.
Ici, on ne veut pas de quêteux.
Sois bref.
Nous avons un mandat sérieux.

— Eee, justement à l'Auberge du Rouet,
on m'a parlé de votre guet.
Je suis un conteux,
jeee ne vous dérangerai pas,
y'a pas de soin.
Je chercheee un coin
pour dormir dans leee foin.
En retour, eee, si ça vous adonne,
j'ai des histoires à dormir debout, eee, des bonnes!
Eee, y'aurait rien de mieux pour vous tenir en éveil
et vous empêcher deee bayer aux corneilles.

— Hé! Les gars!
Ce qu'a dit le roi,
c'est de nous méfier de Ti-Jean,
pas des mendiants.
Viens donc, le gros,
à l'intérieur, c'est plus chaud.

— Chef, eee, merci du privilège.
Eee, je vais m'asseoir sur le petit siège
près de la porte deee l'écurie,
comme ça eee... si quelqu'un... retontit[2],
j'entendrai leee bruit.

— Bon, maintenant que tu es à ton aise,
déballe-nous tes fadaises.

— Eee, je commence eee :
*Si je conte
mon conte,
je déconte
ton conte,
si je remonte
ton conte,
y devient mon conte.*
Eee, moi, si j'ai bonne mémoire,
malgré mes vieilles hardes,
votre histoire
deee Ti-Jean et de votre garde
eee me rappelle le conte d'un empereur d'antan
qui avait lancé un défi
à son valet fendant.

Eee, le défi de lui voler, à lui
l'empereur, sa vaisselle d'argent,
tandis que ses convives attablés
mangeraient eee dedans.

Toujours est-il queee, pas mal futé,
le fendant valet
en princeee s'était déguisé.
Et alors que tous attendaient le valet-voleur,
le faux princeee a donné une démonstration
de la façon
dont leee valet-voleur
qu'ils attendaient
s'y eee prendrait
pour commettre son forfait.
Eee, dans ses beaux habits de prince,
eee, l'escogriffe a étendu ses longs bras
comme des pinces,
a chuchoté quelques ha... ha...
a saisi eee les quatre coins de la nappe
et, sous leee grand lustre, bien centré...
les a tordus en deux tourniquets,
puis a balancé
leee tout sur ses épaules, eee en écharpe.
Eee, il a raflé
la vaisselle d'argent,
les gigots, les fruits confits,
a regardé tout le mondeee en souriant
et eee doucement est sorti.

— Mais à ce moment, l'empereur et ses invités
ont bien dû reconnaître le fameux valet?

— Eee, à ce moment, non, ils ne l'ont pas reconnu,
mais après, eee, oui, quand il n'est plus revenu!

— Quêteux, ton conte est bon,
mais il est court.
En aurais-tu un plus long
avant le lever du jour?

Ti-Jean, fin-voleur

— Eee, des contes, j'en ai
plein mon escarcelle,
mais eee j'ai remarqué,
à force de raconter,
que j'ai besoin de meee couleurer la voix
et de m'aviver la cervelle
pendant que j'envoye
mes boniments
et puis, pour ça, ça me prend
eee... un petit remontant.
Eee, vous permettez ?
Je cache toujours dans ma poche d'eee à côté
une petite fiole de fort[3] pour me tenir éveillé.
(Glou... glou... glou...)
Hummmmm !
Ehhhh bien ! ce n'est pas de l'onguent miton-mitaine !
Ça vous requinque la gorge pour une autre rengaine.
Eee vous êtes eee six de garde ?
Tenez, à l'œil, eee,
il en reste assez dans la bouteille
pour vous rincer la dalle.

— Merci. Humm ! C'est un bon rince dalot, quêteux !
Il est puissant.
Tu ne t'approvisionnes pas chez les gueux.
Maintenant,
vas-y avec tes contes
avant que Ti-Jean ne se montre.

— Eee, connaissez-vous cette histoire sans bon sens
du beau fiferlot
qui avait crevé eee une vessie remplie de sang
d'un coup de couteau ?

— Ahhhhhhhhh ! non !
Vas-y, nous t'écoutons.

— Il avait accroché cetteee vessie-là
au cou deee sa propre femme
pour faire accroire à un assassinat
commeeee dans les vrais drames !

— Ahhhhhhhhh ! quêteux, ton conte nous fait bâiller.
Trouve-nous quelque chhhhhhose de plus épicé.

— Eee, j'y arrive, chef ! Le mari a appelé quelques voisins
pour constituer un public témoin.
Là, il a joué uneee prétendue dispute de coucherie
et, dans l'engueulade et les cris,
il a poignardé sa femmeee à l'estomac !
Là, leee sang s'est répandu !
Quand les curieux ahuris eurent gobé ça,
mon fiferlot a sorti eee son sifflet,
a soulevé les jupes deee la victime prétendue,
a sifflé trois petits coups,
puis sa bonne femme s'est levée debout.
Chef ! Che ! Chef... réveillez-vous !
Chef... m'entendez-vous ?

Ti-Jean, fin-voleur

Oui, il l'a bel et bien endormie,
la vigoureuse vigile,
son chef incontesté et sa bande virile.
Ti-Jean
a transformé l'écurie
en dortoir.
Il a secoué tous les éléments
du corps de garde...
aucune réponse sous le porche.
La gorgée d'eau d'endormitoire [4]
les a gelés comme du marbre,
tous sont tombés comme des poches.

Dans la stalle,
il a détaché le licou,
a dirigé le noir cheval
entre les hommes saouls,
a sauté sur la bête du roi
et, chez lui, a galopé tout droit.

— Réveillez-vous, la mère,
priez votre sainte patronne
j'ai maquignonné un cheval noir
sans même que je ne l'éperonne!

— Ti-Jean, est-ce toi, mon enfant,
si gros Jean comme devant?

— Ne vous inquiétez pas, la mère,
la barbe et la bedaine
qui ont facilité ma fredaine,
je les flanque à la rivière!

Et acceptez que je vous offre ce ténébreux étalon,
recevez-le comme du ciel un don.

— Comme tu es généreux, mon petit gars.
Et cette selle de qualité !
Donne-moi la main pour monter.
Ce matin, je n'irai pas à pied chez le roi.

D'une petite tape au derrière
Ti-Jean a incité au trot
la monture altière,
de sorte que le trajet vers le château,
à la vieille, a paru bien court
lorsque devant le roi, elle a mis pied dans sa cour.

— Quoi ? Jeanneton !
Sur « mon » cheval noir !!!
Ton fils a donc déjoué, hier soir,
tous mes hommes de faction ?

— Sire mon roi!
Je crois bien que mon Ti-Jean
a profité plus qu'on ne pense de son instruction.
Personnellement,
je le trouve moins fainéant.
Voyez vous-même s'il est entreprenant,
avec le ciel, il discute directement,
il me l'a prouvé en me remettant
ce cheval en son saint Nom.

— Son saint Nom! Son saint Nom!
Pauvre Jeanne, voilà une autre canaillerie de ton garçon.
Celui-là, toujours il m'entortille!
Quand jouirai-je tranquille
de la paix de ma famille
avec ma femme et ma fille?
Puisqu'il est si faraud,
dis-lui que je veux le voir, illico!

La veuve passe par la cuisine, au bout...
Eh bien, c'est sa manie!
Il vaut mieux faire du même coup!
Elle appelle ça son pain béni.
Elle rentre chez elle avec son goûter,
donne une croûte à Ti-Jean et lui dit de vite y aller.

— Bonjour, bonjour, mon roi parrain!
Comme vous avez un bon air ce matin!

— Ça va! Ne farfine pas avec moi! Même si, Ti-Jean,
tu as réussi à voler mon cheval et à déjouer mes gens,
cela ne veut pas dire pour autant
que tu es fin-voleur, véritablement.
Je vais te donner une autre occasion
de me prouver ta valeur
par une petite démonstration:
tu viendras voler cette nuit

ma cuite[5] de pain et de galette.
Mais, cette fois, la sentinelle sera concrète,
non pas six, mais douze vigoureux guetteurs
garderont ma pitance.
Si demain matin tu ne l'as pas dérobée dans le four,
je t'enfile la tête dans ma potence,
sans autre concours.

— Compris! Compris, mon roi parrain!
Mais ne croyez pas que vous me contraignez,
je suis entrain,
cela ne peut mieux tomber!
En attendant,
soyez patient.
Cette nuit, votre cuite
ne figurera plus au chapitre.

Il a salué.
Dans sa tête, il a remué une idée.
Le temps a passé.
Le soir est venu.

Dans la vaste cuisine du palais,
serrés, épaule contre épaule, dos au four,
les douze gardiens gardaient,
l'un parlait,
les onze autres écoutaient:

— ... et y paraît que son maître
ne voulait plus lui voir la face.
Mais... mais... regardez-moi cet être!
Qu'est-ce que ce gros verrat fait dans la place?
Ah! mon cochon!
Dans le fournil de Sa Majesté!
Tiens! Attrape du bâton!
Et tiens encore! Et du coup de pied!
Il est pas gêné!

Sortir de sa soue, à la noirceur !
Ha ! ha ! ha ! j'ai mortifié
le gibier !
Il a eu peur, l'animal,
voyez-le se cacher
au fond de la salle.
Revenons à la conversation
d'avant la distraction
du cochon,
tu disais que le maître...

— ... que... le maître
ne supportait plus sa bine d'avorton.
Alors, à l'aube, le snoraud[6]
est entré dans le fourneau.
Et quand, au matin, le maître est descendu,
qu'a-t-il entendu
à travers la porte ?
« Mon bon bourgeois,
vous ne connaissez qu'une partie de moi ! »
Et... qu'a-t-il vu
en ouvrant cette porte ?
Le cul nu
du sans-culotte !

C'est sur cette histoire grasse,
dans ses singeries de porc,
que Ti-Jean derrière le four passe,
déclenche la petite trappe
et toute brûlante attrape,
puis subtilise la fournée du décor.

Triomphant
dans son déguisement,
en rentrant
chez sa vieille maman,
il a joué du groin
et laissé tomber sa peau pur porc dans le coin :

— Tenez, la mère,
fini le pain noir !
Voici du pain blanc et de la galette
un cadeau de sainte Nénette !

— Ah ! mon Ti-Jean !
Au métier de boulanger
tu t'es incorporé ?
Quel soulagement !
C'est le roi qui sera content.
Je cours lui faire goûter
ces échantillons appétissants.

Peti-pétan... arrivant sous l'arc,
congestionné a surgi le monarque.

— Pauvre Jeanneton !
La guilde des boulangers, mon œil !
Voyons donc...
ma cuite, oui, et les facéties de mon filleul !
Celui-là, toujours il m'entortille.

Quand me laissera-t-il jouir tranquille
de la paix de ma famille
avec ma femme et ma fille ?
Puisqu'il est si faraud,
dis-lui que je veux le voir, illico !

La veuve passe par la cuisine, au bout...
Eh bien, c'est sa manie !
Il vaut mieux faire du même coup !
Elle appelle ça son pain béni.
Elle rentre chez elle avec son goûter,
donne une croûte à Ti-Jean et lui dit de vite y aller.

— Bonjour, bonjour, mon roi parrain !
Comme vous avez un bon air ce matin !

— Ça va ! Ne farfine pas avec moi ! Même si, Ti-Jean,
tu as réussi à voler ma fournée
et à contrecarrer mes plans,
cela ne veut pas dire que tu as le doigté
qu'un fin-voleur doit maîtriser.
Je vais te fournir une dernière occasion
de m'étaler ta compétence, ta valeur,
par une petite prestation :
tente donc cette nuit, peu importe l'heure,
de détrousser
les joyaux de la reine
et le drap sur lequel nous serons tous deux couchés.
J'y veillerai moi-même !
Cette fois, je gage ma vie
que tu ne viendras pas à bout de cette volerie,
c'est moi qui te le dis.
Et demain,
j'exécuterai enfin
ma sentence,
je t'enfilerai
la tête dans ma potence !

— Compris ! Compris, mon roi parrain !
Mais ne croyez pas que vous me contraignez,
je suis entrain,
cela ne peut mieux tomber !
En attendant,
soyez patient.
Je serai au rendez-vous,
qu'on se le dise autour de vous.

Il a salué.
Dans sa tête, il a remué une idée.
Le temps a passé.
Le soir est venu.

Dans l'obscurité des appartements
de la reine marraine et du roi parrain,
l'inquiétude rôde dans le soir ambiant
malgré le ton rassurant du souverain.

— Ne vous inquiétez pas, ma lionne, ma reine.
J'ai tout prévu.
Si Ti-Jean forçait l'issue,
se déclencherait une sirène.

— Vous n'êtes pas raisonnable !
Il y a dans votre tête une fêlure
à tant le provoquer par vos gageures.
Souvenez-vous du jour où, par bravade,
vous l'avez mis en passe de se présenter au château
ni à pied, ni à cheval,
ni nu, ni vêtu,
ni de reculons,
ni d'avançons.

— Eh oui ! Quelle arlequinade !

Ti-Jean, fin-voleur

— Il vous a bien emberlificoté dans votre boutade
et bien pris dans ses rets
lorsque sa monture vers vous s'est avancée,
lui, ricanant, en croix couché,
le nez et les orteils collés
de part et d'autre de la panse de son canasson.
Dévêtu! Oui, mais enveloppé d'un filet à poissons!

— Tâchez de vite dormir, ma mie.
Je veille sur vous, ma tendre chérie.

De doux reproches en réconforts amicaux,
ils en étaient là, de leurs entretiens royaux,
quand soudain!!! À la fenêtre, dans la pénombre,
Ti-Jean grimpe en trombe,
secoué
de mille simagrées.

Le roi
ne compta pas jusqu'à trois.
Son fusil
il brandit
et *tirit*
sur la cible du châssis.

— Il est tombé sec!
Mais vous l'avez touché, insecte!
Vous savez que pour avoir tué un individu,
vous serez pendu!

— Je cours vérifier
ce polichinelle,
il n'y a aucune sentinelle
de ce côté.

— Ne tardez pas à remonter!

La reine n'allume pas,
mais retape son drap
et ses oreillers
plutôt que de chicaner.

Durant la journée, l'idée
que Ti-Jean avait mijotée et exécutée
au poil
venait de réussir!
Un portraitiste vénal
avait inconsidérément esquissé sa silhouette
montée sur de longues baguettes.
Ti-Jean n'eut qu'à agiter le chromo
dans le cadre de tir
pour que le roi tombe dans le panneau.

— Déjà revenu?
Vous êtes en nage,
comme vous avez couru!

— Ti-Jean, ma mie,
gît
sans vie
sur le parvis.
— Quel dommage.
Il faut vite le mettre en terre.
— Oui, oui, je vais m'occuper de cette besogne.
Mais vous savez comme de vous, ma lionne,
j'ai peine à me séparer.
Accordez-moi d'abord une petite intimité.
— Serait-ce cette histoire de brigand
qui vous rend tant fringant?

Ici, prenons une pause,
Et...
imaginons le couple... l'alcôve...

Après les ébats,
la reine n'allume toujours pas,
mais retape son drap
et ses oreillers
tandis qu'elle entend :

— Je mangerais bien de la confiture.
Où les a-t-on rangées?

— Dans le bahut,
à droite de la cheminée,
sur le dessus,
il y en a aux mûres.

— Hum! Délicieux! Et maintenant, il faut me hâter
si je ne veux pas que l'on découvre mon méfait.
Tenez, ne retapez pas le drap,

donnez-le moi plutôt,
il me servira tantôt
à envelopper le cadavre de Ti-Jean
afin de l'ensevelir dignement.

— Attendez, laissez-moi le plier.
Oh! Voici mes joyaux que j'y avais glissés.

— Maintenant que tout est fini,
donnez-les-moi également,
ainsi vous dormirez paisiblement
le reste de la nuit.

— Il me semble qu'ici, sous couverture,
ils sont en lieu plus sûr.

— Craignez-vous de ma part la forfaiture?
Tout de même, je ne suis pas de la staphisaigre!
Vous avez raison, il faut que tout soit en règle.
Ma délicieuse féline,
votre crainte est justifiée,
dans votre sens j'abonde,
apposez là votre signature.
Nous, les grands de ce monde,
ne pouvons nous fier
qu'aux documents certifiés.

La reine signe,
s'étire sur l'édredon,
n'allume pas le lumignon,
se tourne de côté, tout du long,
et les poings au menton
s'endort au son
des pas qui s'en vont.

Elle s'endort ? Oh ! Pas tout à fait...
Elle clôt les paupières pour savourer
les derniers reliefs de la vie privée
et de ses bienfaits.

Tout à coup... revirement saugrenu...
sur ses phantasmes
réapparaît le roi bourru,
secoué par la colère et les spasmes.

— Oh ! oh ! ce sacré Ti-Jean s'est volatilisé...

Quittons vite l'imbroglio,
sortons du château
et rendons-nous à la cabane
de la vieille Jeanne.

— Réveillez-vous, la mère !
Voici un drap de soie
pour couvrir votre paillasse !
Désormais, vous dormirez du sommeil des rois !

— Comme ce tissu est soyeux !

— Et pour que plus rien ne vous tracasse,
le ciel m'a chargé de vous remettre en main propre
les joyaux de cette cagnotte.

— Merci, merci, mon Dieu !

— Et sans plus tarder,
j'ai une bonne nouvelle à vous annoncer :
le reine veut que je marie sa fille !!!

— C'est impossible,
ma bonne reine n'est pas lucide.
Tes origines sont de roturière famille.

— Le roi
m'a fait un passe-droit
cette nuit,
il m'a anobli
en me réservant une place dans son lit.

— Mon Ti-Jean,
quel honneur tu me rends !
Je cours chez tes futurs beaux-parents,
sans plus de bavardage,
pour organiser les préparatifs du mariage.

Peti-pétan, peti-pétan *et cetera*
quand la veuve est arrivée sous l'arc :

— Sire mon roi, même si tout est déjà décidé,
permettez,
comme dans les grands salons,
que : « Je vous demande, Majesté,
la main de votre fille pour mon garçon. »

— Quoi ? Ha ! ha ! ha ! ton garçon ?
Il n'est pas de sang royal !
De plus, il est pauvre comme la gale !
Il n'en est pas question.
... « si tout est déjà décidé »,
diable, pourquoi ces mots viens-tu de prononcer ?

— Sire mon roi,
mon Ti-Jean, cette nuit,
semblait venir du paradis...

— Du paradis... du paradis ?
Et ma femme que je n'arrivais pas à réveiller !
Comme une bûche, elle dormait !
Dis à ton fils que je veux le voir illico !

— Justement, il est avec votre fille, là-haut.
Ti-Jean! Ti-Jean!
Descends!
Ton parrain te demande, *subito*.

Du balcon,
Ti-Jean a fait le bond.

— Bonjour, bonjour, mon roi parrain!
Comme vous avez un bon air ce matin!

— Ça va! Ça va! Pas de baragouin!
Que m'apprend ta mère, mâtin?

— La grande demande mon roi parrain!!!
Mais ne croyez pas que vous me contraignez,
je suis de plus en plus entrain!
Cela ne peut mieux tomber,
j'ai vu au nécessaire
la nuit dernière.
Pour être anobli,
avec la reine, *je couchis*!

Le roi blêmit.

— Après m'avoir offert de vos confitures,
la reine, dans le clair-obscur,
m'a griffonné une petite signature.
Écoutez avec attention la lecture
de ladite procédure :
Je reconnais avoir délivré
Ti-Jean de la roture.
Je reconnais l'avoir accepté,
à titre d'époux futur
pour ma fille, aimable créature,
et fait icelui l'héritier
du royaume, avec clefs des serrures.

En somme, pour conclure,
me voilà vainqueur de votre gageure
et loti d'une jolie sinécure!

Le roi démêla l'intrigue dans son esprit.
Rugit.
Et mourut d'apoplexie!

---

[1] *Farfiner* ou *fafiner*: utilisé ainsi, signifie «ruser», «user de subterfuge».
[2] *Retontir*: arriver à l'improviste, se pointer.
[3] *Fort*: alcool fort, gnole, tord-boyaux.
[4] *D'endormitoire*: du sommeil.
[5] *Cuite*: fournée.
[6] *Snoraud*: petit polisson, canaillou.

La p'tite, p'tite femme

« Ainsi, un soir de pleine lune, un méli-mélodrame entraîna dans les brumes le p'tit mari de la p'tite femme ; ... et quitte, quitte, quitte, mon petit conte est fini. » C'est par ces mots que je déguerpis, moi, la petite souris lorsque mon récit est clos. Eh bien ! Exception ! Aujourd'hui, j'arrive par le haut, avec ce conseil pour conclure ma besogne : lisez très, très vite ce conte sans vergogne, car moi je prends la fuite si je ne veux pas être frite lorsque vous aurez lu la suite.

Il était une fois un p'tit p'tit bonhomme,
UNE POMME, DEUX POMMES, TROIS POMMES,
courtisant une p'tite p'tite bonne femme,
MÉLI-MÉLO ET MÉLODRAME.

Un soir de pleine brume,
PIERROT, DANS LA BRUME, PRÊTA SA PLUME,
le p'tit p'tit bonhomme,
VEUX-TU UNE GOMME, DEUX GOMMES, TROIS GOMMES,
demande à la p'tite p'tite bonne femme,
DO, MI, SOL, DO ET TOUTE LA GAMME :
— Chérie, chérie,
    te ferais-je un bon mari ?
— Chéri, chéri,
    tu es bien petit,
    pour me faire un bon mari !

Sensible ou susceptible...
comme le sont les petits maris,
NON JE NE VEUX PAS DE TA BOUILLIE,
les larmes du p'tit p'tit bonhomme
inondent son habit, le tapis et le bain-marie
VIS-À-VIS, EAU-DE-VIE ET OUISTITI.

— Chéri, chéri,
　tu salis ton petit habit, mon tapis et tu rougis.
　J'ai réfléchi,
　GÉOMÉTRIE, RABOUGRI OU MISTITI,
　je te préfère quand tu souris.
　À minuit,
　tu seras mon p'tit mari !

— Merci, merci,
　tu es le rêve de ma vie !
　Jamais plus je ne serai inquiet !
　ET RIQUINQUET ET RIQUINQUET.
　Laisse-moi t'offrir un grand banquet
　et des bouquins et des bouquets !

— Je préfère un petit buffet
　FRELUQUI DE FRELUQUET.
　Ne bouge pas du tabouret.
　TOURNIS, TOURNO ET TOURNIQUET.
　J'ai du vin,
　du poulet,
　je fricote,
　je reviens,
　je rapporte deux gobelets, un bréchet
　et tout sera plus-que-parfait.
　Attends-moi, mon petit poucet.
　UN-DEUX ! UN-DEUX ! UN-DEUX !
　UN-DEUX-TROIS-QUATRE-CINQ-SIX-SEPT !

La p'tite, p'tite femme

La p'tite femme, à son réchaud,
a concocté pour son bozo,
dans les larmes du bain-marie,
EAU-DE-VIE, TOURNIS, GÉOMÉTRIE ET RIQUINQUET,
une bouillie pour rabougri,
GRANDE RECETTE ET PETIT BALAI,
FARFADETTE ET FARFADET.
Elle y a mis
le poulet et ses osselets,
y a mis une pomme,
y a mis une gomme,
y a mis un mi de la gamme...
mais le poulet n'a pas bien cuit...
MINUIT ET DEMI ET MISTIGRI...
UN-DEUX! UN-DEUX! UN-DEUX!
UN-DEUX-TROIS-QUATRE-CINQ-SIX-SEPT!

Et l'on comprit,
après minuit,
que dans le gosier
du p'tit mari,
les osselets
sont restés pris.

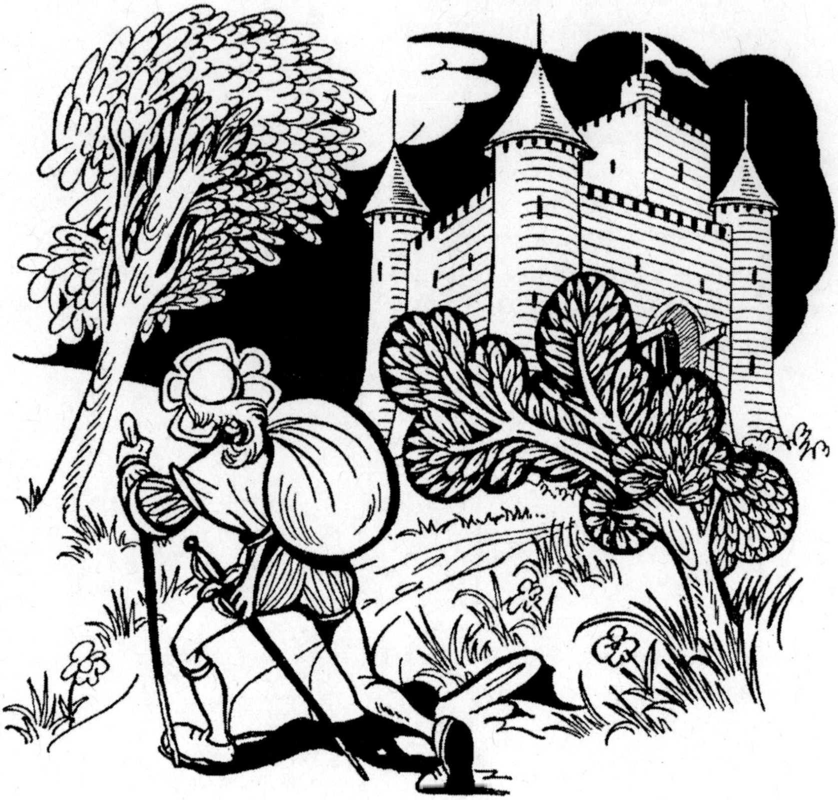

La chatte blanche

Il était une fois
un bon vieux roi.
Bon?
Oui, trop, surtout avec ses enfants.
Vieux?
Eh oui! Mais il n'y pouvait rien, les années
s'étaient accumulées.

Il avait trois fils,
Pierre et Paul, les deux premiers,
qui étaient persuadés
de la supériorité de leur esprit,
et Jean, son petit dernier,
dont le peu d'intelligence
n'avait d'égal que son innocence.

Vaillants, les fils de ce roi-là?
Pas très... en tout cas,
les aînés ne le démontraient pas.
Fainéants? On le chuchotait tout bas.

Un soir qu'ils étaient encore à table,
durant un repas agréable,
le roi profita du souper
pour dévoiler ses dernières volontés :
— Pierre, Paul et toi, Ti-Jean,
écoutez ceci, mes enfants :
il faut de l'idée pour gouverner !
Mon règne sera bientôt terminé.
Je dois donc choisir celui qui me remplacera.
Celui de vous trois
qui me rapportera
le plus petit chien qui soit,

celui-là
sera roi.
Partez au petit jour
et soyez de retour
dans trois jours.

Cette même nuit,
ni Pierre ni Paul n'ont dormi.
Après avoir bien réfléchi
sur le sort du pays,
ils ont résolu de faire équipe pour gouverner.
Donc, ils partageront à deux la souveraineté.

Dès la pointe du jour,
sur la pointe des pieds,
les aînés quittent
en catimini
le palais endormi.

Ti-Jean,
qui est peu parlant,
mais qui entend,
a quelque peu saisi leur tripotage secret.
Dès lors, à potron-minet,
lui aussi, est sorti
et de près les a suivis.

Surpris de sentir le moucheron
accroché à leurs talons,
Pierre et Paul résolurent de le perdre pour de bon.
Tandis qu'eux prendraient dans cette direction
à grands tours de bras,
lui indiquèrent l'autre choix:
le chemin des broussailles...

Le chemin des broussailles?
Quel chemin des broussailles?
Il n'y a pas de chemin,
il n'y a que des broussailles!
Oui, des épines, des toques et des fardoches.
Dans cette forêt indéfrichable, on s'accroche,
on s'égratigne et on se désole
à en perdre la boussole!
On marche devant
comme si l'on reculait,
ET puis VLAN!!!
Un château!!! Un vrai!!!

Ce n'est pas possible, hein?
C'est à croire que le Nord a perdu la carte, hein?
Eh bien! non!
C'est ce que Ti-Jean a vu,
de ses yeux, vu!

Un château,
grand comme une église,
haut
comme trois bouleaux,
brillant comme un arbre de Noël,
garni
de mâchicoulis,
de ponts-levis,
de tourelles,
de murailles...

— Miaou!!! Miaou!!!
Ti-Jean frappe à la porte de bronze.
Pas de réponse.
Ti-Jean joue du heurtoir.
Quelqu'un viendra-t-il voir?
Ti-Jean sonne la cloche.
Nul n'approche.

Sauf
que la porte s'entrouvrit,
sauf
qu'un gros chat gris
aux moustaches jusqu'ici...
surgit sur le parvis.

Il entraîna Ti-Jean à l'intérieur...
Lui fit visiter l'immense demeure...
Un château magnifiquement meublé
de la cave au grenier.
Mais... personne!
Ti-Jean n'a rencontré personne.
Sauf...

Sauf des chats...
des chats au ménage,
des chats aux cuisines,
des chats à tous les étages,
des chats qui rechignent,
des chats qui miaulent
et des chats qui causent:
— Si mmmmmmmonsieur veut bien attendrrrrrrrrre ici.

Ti-Jean avait tant d'innocence
face à une telle évidence
qu'il ne fut pas tellement étonné
d'entendre un chat parler.

La chatte blanche

À l'entrée du petit couloir
qui donne sur le grand salon,
six chats noirs,
au pelage lustré comme des miroirs,
escortent Ti-Jean en rang d'oignons.

Sur un trône luxueux,
fait de coussins duveteux,
une superbe chatte blanche lève les yeux...
Un regard d'émeraude et de tendresse,
à faire chavirer les plus sans-cœur,
enveloppe le visiteur.

— Je suis la châtelaine de ce château.
Veux-tu dînerrrrrrrr avec moaaaaaaaa?

Ti-Jean a faim et dit: «Oui».
Menu choisi:
pour l'un, poulet rôti,
pour l'autre, petite souris.

— Et maintenant, il me faut vous quitter
car mon père nous a chargés,
mes frères et moi,
de rapporter
le plus petit chien qui soit.
Et comme Pierre et Paul
sont forts en bol,
il me faut vite chercher si je veux trouver.

— Je te prrrrrropose un marrrrrrrché.
Je n'ai jamais de visiteurrrrrrrr,
accepte de me tenirrrrrrrr compagnie.
Tu n'aurrrrrrrrrras pas à le rrrrrrrregrrrrrrretter!

Ti-Jean dit: «Oui». Il mangera de la tarte,
il jouera aux cartes,
on lui jouera du violon
et trois jours passeront
comme un air de mirliton.

À l'heure des adieux,
la chatte aux grands yeux
s'enrubanne à la cheville de Ti-Jean
et lui offre un curieux présent.

— Voici une tête de clou.
Demande au rrrrrrrroi, ton pèrrrrrrrre,
de la frrrrrrrracasser devant tes frrrrrrrrèrrrrrrres...
en trrrrrrrois coups.

Avec la tête de clou,
Ti-Jean est parti.

Avec le souvenir de ces jours si doux,
Ti-Jean a souri.
Mais avec la certitude qu'il perdra tout,
Ti-Jean a blêmi.

Pendant ce temps, au palais royal,
les aînés déjà triomphent et s'installent.
Leurs chiens,
du museau au derrière,
tiennent dans la main!
Vraiment,
plus petit chien,
cela n'existe guère!

Puis, en retard encore aujourd'hui,
Ti-Jean fait son entrée.
Le roi, qui a l'habitude de l'excuser,
veut voir quel chien, lui,
il a déniché.

Ti-Jean, craignant qu'on le rabroue,
desserre les doigts
et tend au roi
la tête de clou.

Les aînés s'esbroufent
comme des pignoufs :
— Ah ! ah ! ah ! Ti-Jean ! Une tête de clou ?
Il ne sera jamais ni plus fin ni plus fou !

Désespérant lui aussi de son petit dernier,
le roi, debout,
se met en grand courroux
et de son talon
martèle trois grands coups
sur la fameuse tête de clou.

— Aïïïe !!!!!

Mais à l'instant même, un pincement d'orteils
saisit le souverain. Celui-ci bégaye...
fléchit les genoux... et encore bien pire,
en culbutant sur les marches du trône de l'empire,
il voit grimper aux plis de sa cape royale
un inimaginable petit chien plein de poils.

Les caniches de Pierre et Paul, flairant
le nouvel arrivant,
se précipitent sur la bestiole
comme sur un bout de saucisse qui s'envole,
sans égard pour Sa Majesté
toujours affalée.

« Tête de clou »,
appelons-le comme ça, voulez-vous,
tel un mulot, se hasarde
sous la vénérable barbe.

Pour rétablir la concorde,
le roi donne un ordre :
— Oh là ! Pierre, Paul et toi, Ti-Jean,
relevez-moi, mes enfants !

La chatte blanche

Bon ! Maintenant,
il est certain
que c'est toi, Ti-Jean,
qui as le plus petit chien,
mais... cela ne me suffit pas.
Il faut de l'idée pour gouverner.
Voyons lequel de vous trois
me rapportera
la plus fine toile qui soit.
Partez au petit jour
et soyez de retour
dans trois jours.

Cette même nuit,
ni Pierre ni Paul n'ont dormi.
Après avoir bien réfléchi
au chien si petit,
ils se sont dit
que ce n'était que sorcellerie
et que Ti-Jean
n'avait pas plus d'esprit qu'avant.
En vrais fainéants,
ils ne sont même pas sortis,
et se sont contentés
du tissu grossier
de l'armoire d'à côté.

Au petit matin,
Ti-Jean est parti avec entrain.

Au domaine de la chatte blanche,
il a retrouvé sa châtelaine,
si soyeuse, si sereine.
Ils ont chuchoté,
se sont chouchoutés
et... au bout de trois journées,
Ti-Jean est rentré.
Une petite boîte d'écaille il a rapportée.

Le roi, en salle d'audience,
au moment de dire ce qu'il pense,
ne cache pas son impatience
devant ce coton raboteux
des deux ratoureux.
Mais à l'examen du coffret surprenant,
de contentement,
le roi ne retient plus son émotion.
Au souffle de son exclamation
se déroule une toile divine
que seule a pu tisser l'araignée la plus fine.

Bien sûr, la toile de Ti-Jean est supérieure,
mais... la sagesse du roi veut chercher ailleurs.

— Écoutez-moi, mes gars,
cela ne me suffit pas.
S'il faut de l'idée pour gouverner,
il faut aussi du cœur.
Il n'y a pas de femme, ici.
Le temps est venu de prendre une compagne.
Celui de vous trois
qui fera le meilleur choix,
celui-là
sera roi.

Partez au petit jour
et soyez de retour
dans trois jours.
Cette même nuit,
ni Pierre ni Paul n'ont dormi.
Après avoir bien réfléchi,
ils se sont rappelé, enfin,
qu'au royaume voisin,
deux princesses gentilles
et fort jolies filles
répondaient souvent à leurs clins d'œil.
Alors, pour trouver une compagne, presque à leur seuil,
ils ne se sont pas déplacés loin, les aînés,
ils y sont même allés à pied.

Chez la chatte blanche, au petit matin,
Ti-Jean est retourné avec moins d'entrain.

— Ma chatonne, ma chatinne,
ma chatonnette câline,
voici mes aveux...
ou mes adieux!
Le désir de mon père
est de nous voir prendre femme.
Comment pourrais-je le satisfaire,
je ne désire que toi pour compagne.

— Et la succession du rrrrrrroyaume,
y songes-tu, mon grrrrrrrand?

— Je n'ai de songes que pour toi!
Viens au château avec moi!

— Une chatte comme fiancée?
Je ne serrrrrrrrai jamais acceptée,
de tous, je serrrrrrrai la rrrrrrrisée.

Cependant, pourrrrrrrrrr ne pas te chagrrrrrrrrriner,
oui, je te suivrrrrrrrai...
mais... à une condition :
c'est que... tu me coupes la queue
à l'instant où nous parrrrrrrrtirrrrrrrrrrons.

Et pour éviter toute riposte à la singulière exigence,
sur l'épaule de Ti-Jean elle s'élance.
Et la voilà qui se love à son col, la féline,
telle une écharpe sur l'échine.

— Rrrrrrrrrrrrrrrrrrrrrrron...
Rrrrrrrrrrrrrrrrrrrrrrron...

Mais que se passe-t-il donc?
Est-ce un signal que ce ronron?
Voilà que de bas en haut,
toute la ménagerie du château,
les mimis, les minous,
les minettes et les matous
se sont mis à jubiler,
comme s'ils avaient une raison secrète de fêter.
Jusqu'au gris grippeminaud,
avec ses moustaches jusque-là,
qui s'est mis à faire le beau
comme pour la dernière fois !

Trois jours de bal...
Trois nuits, sans répit,
le carnaval
s'est poursuivi !
Mais lorsque a retenti
le dernier minuit,
Ti-Jean dut se fermer les yeux
pour couper la queue...

Mais... qu'a-t-il donc coupé?
Est-ce une queue? Est-ce un enchantement?
— Ti-Jean, toi seul pouvais me délivrer de cet ensorcellement!
Merci de ce coup de ciseau.
Maintenant, je peux t'accompagner au château.

Le jeune homme est ébloui...
Il voit à la place de la chatte blanche
une élégante reine, au sourire d'espérance,
et au même instant,
au fond de son esprit, il sent
un grand bouleversement.
Lui qu'on ne trouvait pas intelligent,
il raisonne maintenant comme un savant!
Et puis... Et puis... Est-ce son cœur qui cogne tant?

Pendant ce temps, au palais royal,
dans la grand-salle de bal,
étincelante de mille chandelles,
était réunie toute la cour.
Les galants et les belles,
dans leurs plus beaux atours,
attendaient que Ti-Jean soit de retour.

Soudain, on entendit le galop d'un coursier,
puis le benjamin du roi fit son entrée.

Un silence d'émerveillement
s'empara de l'assemblée...
Ti-Jean présenta sa fiancée!!!
Elle avait un éclat tellement au-dessus de toute attente,
surpassant en qualité comtesses, princesses ou infantes,
que tout autre que le roi eut fait de Ti-Jean
au premier coup d'œil le grand gagnant.

Malgré tout, le monarque
jugea que... :
— S'il faut tourner sa langue sept fois avant de parler,
laissez-moi vous proposer un exercice approprié.
Passons à table, je vous offre un petit goûter.

Avant la collation,
la fiancée de Ti-Jean
demanda la permission
de porter un petit tablier.

Les princesses de Pierre et de Paul
s'étaient donné le mot,
elles avaient convenu d'imiter
tout ce que ferait la nouvelle arrivée.

L'ancienne chatte, mangeant avec appétit
comme si elle découvrait un plaisir inouï,

La chatte blanche

glissait une bouchée sur deux
dans un tablier bleu.

Bien sûr, les deux autres fiancées
singeaient le procédé.

À la fin du repas,
pour amuser le roi,
la fiancée de Ti-Jean se leva
et, au milieu de la salle à manger,
dit en faisant tomber les bouchées
de son petit tablier :
— Danse, danse à présent,
mon glorieux régiment !

Et les bouchées
se sont changées
en cinquante chatons
qui se mirent à chanter
et à danser tout de bon.

La ronde terminée,
le long du mur se sont alignés.
Et sous le regard des courtisans,
en soldats de l'armée
se sont transformés,
acclamant bien haut Ti-Jean
qui avait rompu l'ensorcellement
de la chatte blanche et du régiment.

Pour ne pas être en reste devant ce moyen,
les princesses du royaume voisin
secouèrent leur tablier !
Mais... leurs bouchées
restèrent bouchées.
Et c'est Tête de clou
qui les a bouffées.

Oui, Ti-Jean avait choisi une reine
et Ti-Jean fut roi!

Et moi...
qui voulais un emploi
chez ce nouveau roi,
on m'a répondu:
— Toi qui as tout vu
et tout entendu,
retourne chez toi
et raconte cette histoire
à qui sera assez fou pour te croire!

Les gaillards de Mandeville

Vous connaissez le conte de celui-qui-était-agile-des-orteils
et de l'autre qui-a-eu-chaud-aux-oreilles ?
Non ? Eh bien ! dans ce cas-là...

Il était une fois,
un jour, ces deux gars-là,
qui se promenaient dans le bois.

Cela devait être en mai, ou pas loin,
alors qu'il n'y avait pas encore de maringouins[1].

Si je dis qu'ils se promenaient,
c'est que pour eux, sélectionner dans la pineraie[2]
une coupe de bois de pin,
en sondant de l'œil, du pied ou de la main
les résineux à tronçonner en billes[3],
ne leur demandait pas plus d'effort
que de jaser des filles.

Tout en tenant ces propos de leur âge,
attachant paisiblement aux gommeux[4] rondins
des repères vermeils,
voilà que dans les parages...
un charivari fait rage !

Celui qui-a-eu-chaud-aux-oreilles
sent de grosses mains
à son dos s'agripper
puis... ses épaules servir de marchepied !

Secoué par la bousculade,
il entend celui-qui-était-agile-des-orteils
déjà rendu tout en haut de l'arbre
vociférer cette roulade :
— Un oooooooouuuuuuurs !!!

Dans l'impossibilité de prendre la fuite,
celui qui vient de servir d'échelon
se couche tout de suite
et fait le mort, selon le dicton.

L'ours !

Un ours, un vrai !
Comme l'ours qui est venu manger les baies
à Gaudios, puis casser son cormier
à Mandeville, l'été dernier.

Sans doute vous vous souvenez :
une sécheresse sur des milliers d'hectares
avait fait sortir l'animal du bois
et apeuré tous les villageois,
surtout les petites de Richard.

Enfin, pour tout dire, pas un ours d'opérette.
Un ours qui lui plante ses deux grosses pattes
de chaque côté de la margoulette[5],
qui gratte... gratte... et puis gratte...
puis farfouille de son mufle morveux...
puis soulève la casquette...
puis hume au plus creux du toupette[6]...
puis... puis...
dodeline son museau omnivore...
puis balance bien... son temps... de réflexion...
et, dans le doute, décide alors qu'un mort
ne vaut rien pour la digestion.

Une dernière fois, l'ursidé en question
renifle le luron du front au menton
et à reculons
s'éloigne de ce fac-similé de bûcheron
avec la lippe de la déception.

De là-haut, en surplomb,
celui-qui-était-agile-des-orteils,
le danger passé,
quitte son poste d'observation
et craille comme une corneille :

— L'ours t'a dit quoi?
L'ours t'a dit quoi? Quoi? Quoi?

— En me caressant les oreilles,
cet ours m'a chuchoté ce conseil:
«Tu distingueras le vrai compagnon
du poltron à la rapidité
qu'il mettra à t'épauler
dans les moments de perdition.
Et tu sauras pour l'éternité
qu'il ne faut jamais se fier
à une poule mouillée!»

---

[1] *Maringouins*: frêles mouches à longues pattes appartenant à l'ordre des Diptères et à la famille des Culicidés, dont les femelles se nourrissent de sang humain.
[2] *Pineraie*: lieu planté de pins (on dit aussi «pinède»).
[3] *Billes*: pièces de bois de toute la grosseur de l'arbre, destinées à être mises en planche.
[4] *Gommeux*: qui produisent de la gomme; des arbres gommeux.
[5] *Margoulette*: bouche, mâchoire.
[6] *Toupette*: toupet.

Souris et Tison

Il était une fois, au bord d'un ruisseau,
une souris fouineuse
qui promenait partout son museau.

— Tiens, ici, on a fait un pique-nique.
Ces restes de braise me l'indiquent.

— Tite Souris, tu vas te brûler le coco
sur ces charbons tout chauds.

— Je m'ennuie. Je cherche un ami.
Toi, joli charbon de bois, petit tison,
viens jouer avec moi à la maison,
de l'autre côté du ruisseau.

— Tite Souris, je ne peux pas te suivre,
je vais me noyer.

— Non, non, Tit Tison,
je connais la navigation.
Regarde :
avec trois pailles, je te fais un radeau.
Monte.
Et voyons qui, le premier, traversera le ruisseau.

— Tite Souris, je suis du feu, la paille va brûler.

— Tit Tison, de la paille dans l'eau,
ça ne brûle pas, ça flotte, c'est comme un canot.

Le tison pas très finaud
s'est fait enfirouaper [1].
Car sitôt installé,
il a calé au fond de l'eau.

Sur la rive, de l'autre côté,
la souris a vu flamber la paille !
Et le tison, plonger dans la pierraille.

Alors là !!!
Tite Souris
a ri, a ri, a ri de lui
tellement fort
que son ventre s'est déshabillé
du menton au trésor !
Voyant sa panse éclatée,
elle a couru chez le cordonnier.

Tite Souris
— Oh! bon cordonnier! Oh! bon cordonnier!
Recouds bien vite ma p'tit' panse éventrée!

Cordonnier
— Je ne la recoudrai
qu'avec trois poils de soie!

Tite Souris
— Cochon! Gros cochon!
Sois gentil avec moi!
De ton jambon,
épile-moi
trois poils de tes soies.

Cochon
— Pourquoi? Pourquoi
trois poils de mes soies?

Tite Souris
— Pour recoudre, chez le cordonnier,
ma p'tit' panse éventrée.

Cochon
— Je n'm'arracherai
mes trois poils de soie
qu'avec la pâtée
que je mangerai.

Tite Souris
— Meunier! Meunier!
Donne-moi de la pâtée!

Meunier
— Pourquoué? Pourquoué
veux-tu de la pâtée?

Tite Souris
— Pour qu'au cochon, je l'apporterai.
Pour que le cochon la mangera,
pour qu'il me donnera
trois poils de ses soies
que j'apporterai
chez le cordonnier
pour faire recoudre ma p'tit' panse éventrée.

Meunier
— De la pâtée,
je t'en préparerai
lorsque du blé,
j'en aurai.

Tite Souris
— Fermier! Bon fermier!
Du blé! Il me faut du blé!

Fermier
— C'est pour qui, du blé?
C'est pourquoi, du blé?

Tite Souris
— Pour que le meunier, de la pâtée mélangera.
Pour que le cochon la mangera.
Pour qu'il me donnera
trois poils de ses soies
que j'apporterai
chez le cordonnier
pour faire recoudre ma p'tit' panse éventrée.

Fermier
— Du blé! Du blé! Je t'en donnerai
quand tu charrieras
pour faire pousser mon blé
un gros tas de fumier.

Tite Souris
— Taureau! Taureau!
Chie-moi du fumier!

Taureau
— Que feras-tu de mon fumier,
petite éventrée?

Tite Souris
— Pour que je charrierai
ton gros tas de fumier.
Pour que le fermier,
dans sa prairie,
à deux pas d'ici,
y fasse pousser son blé.
Pour que le meunier,
avec le blé,
de la pâtée mélangera.
Pour que le cochon la mangera.
Pour qu'il me donnera
trois poils de ses soies
que j'apporterai
chez le cordonnier
pour recoudre ma p'tit' panse éventrée.

Taureau
— Du fumier, je ne t'en chierai
que quand du foin, j'en mangerai!

Tite Souris
— Prairie! Prairie!
Donne-moi vite du foin!
J'en ai grand besoin!

Prairie
— Pourquoi? Pour qui
t'as besoin
de mon foin?

Tite Souris
— Pour faire manger le taureau
qui chiera du fumier.
Pour que je charrierai
son gros tas de fumier.
Pour que le fermier,
dans sa prairie,
à deux pas d'ici,
fasse pousser son blé.
Pour que le meunier,
avec le blé,
de la pâtée mélangera.
Pour que le cochon la mangera
pour qu'il me donnera
trois poils de ses soies
que j'apporterai
chez le cordonnier
pour recoudre ma p'tit' panse éventrée.

Prairie
— Du foin, du foin, du foin. Je ne t'en échangerai
que quand de l'eau, t'arroseras ma prairie
afin que mon foin y pousse!

Tite Souris
— Ruisseau! Ruisseau!
Donne-moi de ton eau!!!

Ruisseau
— Pour qui? Pourquoi
tu cries: «De l'eau!
De l'eau!» à pleine voix?

Souris et Tison

Tite Souris
— Pour faire pousser le foin de la prairie.
Pour que le foin, le taureau le mange.
Pour que du fumier, le taureau en chie.
Pour que je charrie
son gros tas de fumier.
Pour que le fermier,
dans sa prairie,
à deux pas d'ici,
y fasse pousser son blé.
Pour que le meunier,
avec le blé,
de la pâtée mélangera.
Pour que le cochon la mangera,
pour qu'il me donnera
trois poils de ses soies
que j'apporterai
chez le cordonnier
pour recoudre ma p'tit' panse éventrée.

Ruisseau
— Titite Souris ? Dis donc ! Dis donc !
C'est bien toi qui as noyé Tit Tison ?
Pour qui ? Pourquoi
tu reviens dans mon eau ?

Tite Souris
— Pour arroser la prairie.
Pour faire pousser son foin.
Pour que le foin, le taureau le mange.
Pour que du fumier, le taureau en chie.
Pour que je charrie
son gros tas de fumier.
Pour que le fermier,
dans sa prairie,
à deux pas d'ici,
fasse pousser son blé.

Pour que le meunier,
avec le blé,
de la pâtée mélangera.
Pour que le cochon la mangera.
Pour qu'il me donnera
trois poils de ses soies
que j'apporterai
chez le cordonnier
pour recoudre ma p'tit' panse éventrée.

Ruisseau
— Pompe, pompe, pompe
toute l'eau qu'y faudra.
Comme ça,
t'arroseras
la prairie.
Son foin repoussera.
Le foin, le taureau le mangera.
Le taureau, du fumier, il chiera.
Puis,
tu charrieras
son gros tas de fumier.
Pour que le fermier,
dans sa prairie,
à deux pas d'ici,
fasse pousser son blé.
Pour que le meunier,
avec le blé,
de la pâtée mélangera.
Pour que le cochon la mangera.
Pour qu'il te donnera
trois poils de ses soies
que t'apporteras
chez le cordonnier
pour recoudre ta p'tit' panse éventrée.

Tite Souris
— Cordonnier! Oh bon cordonnier!
Les voilà! Les voilà,
les trois poils de soie!
Recouds bien vite ma p'tit' panse éventrée!

Cordonnier
— Approche! Approche!
Installe-toi sur cette chaise.
Le temps qu'tu reviennes de tes courses,
Souris, Tite Souris,
des copeaux, des bois morts, je ramasserai.
Pour qu'à ton arrivée,
quand je faufilerai
ton petit sac à ragoût,
une bonne attisée
dans ma fournaise
te réchauffe d'aise.
Et le nombril
et la panse aussi.
Mais... Mais...
Mais... Mais...
Tite Souris,
devine qui, qui,
qui je trouvai
dans les cailloux
que je ramassai?
Ton ami
Tison, Tit Tison
Qui rit! Qui rit! Qui rit
de toi parmi les brandons.
Et qui m'a appris,
de sa voix de braise,
là, dans ma fournaise,
une drôle de chanson
que je vas te chanter
avec lui:

JE SOUFFLE TISON
Tison rougit.
Je souffle Tison.
Tison rôtit.
Je trempe Tison.
Il tourne au gris.
Je tourne le dos
Tison ro... Tison ro...
Je tourne le dos
Tison rôtit.
Tison *flambit*.

---

[1] *Enfirouaper*: duper, tromper.

Dis-moi comment je me nomme

Il était une fois un berger, ma foi assez avantagé : de fière et forte taille, tête frisée comme ses ouailles, beau comme son aïeul sous l'étoile de Bethléem.

À la ferme voisine, une belle fille, à la mine encore gamine, avait le cœur barbouillé juste à l'entendre chanter :
La belle qui filera... rara
ma toison... zonzon
partagera... rara
ma maison... zonzon.

Se sentant l'âme d'une fileuse, de son côté de la clôture, elle fait signe au berger qu'elle veut tenter l'aventure. De la laine à filer !... Il en apporte cinquante toisons sur le pas de sa maison ! Et lui dit qu'à la fin de la journée, tout cela doit être transformé en écheveaux bien gonflés, et que là, il part toute la matinée pour ses affaires de berger. Ses affaires de berger... mais que penser des affaires de berger, à l'auberge, accoudé devant un carafon, plutôt qu'au pré avec ses moutons ?

Beau pastoureau,
à ton retour
y'aura d'la laine
y aura d'l'amour
Et la roue roule.
Et la roue vire.
À son rouet,
elle fixe un fil,
elle rêve, la fille,
elle n'a qu'un souhait.

REFRAIN

Une touffe de laine
n'attend pas l'autre,
elle tape du pied,
et joue du bras.

REFRAIN

Elle cligne des yeux,
regarde l'heure,
dénoue ses cheveux,
elle est en sueur.

REFRAIN

Mais roule, rouet!
Tu dors, rouet!
Vilaine horloge,
arrête, arrête!

REFRAIN
La crampe au pied,
la main figée!
Hé! toi, quenouille,
t'attends la rouille?

REFRAIN

Et tout tournoie :
les doigts, le cœur,
la laine, les pleurs,
l'amour, la peur.

Brusquement, un coup de vent foudroyant ouvre le battant... Ça n'est pas le berger, non, ça n'est pas le nordet, non, mais... un lutin !!! Pas plus haut qu'un foin, la tête en poils de crin, empestant le crottin, la voix écorchée, il gesticule, pète, et répète :
— Ah ! Ah ! Tu es dans l'embarras ! Ah ! Ah ! Tu es dans l'embarras !
— Sors d'ici, vieux gripette[1] ! Ou tu vas manger une jambette[2] !
— Je viens pour t'aider. Je te changerai cette laine à filer en beau fil doré ! À une condition... une seule condition...
Mon nom devineras... rara
ou ma maison... zonzon
partageras... rara
en toute saison... zonzon.

À cause de son jeune âge et de sa grande frayeur, elle raisonne à toute vapeur, la jolie voisine : « Oh ! Oh ! Trouver le nom de ce laideron, quelle aubaine ! Je serais moins en peine que de filer toute cette laine ! »
— Si tu embobines à ma place toute cette filasse, oui, vieux puceron, j'accepte de deviner ton nom.

Pour se remettre de ses émotions, elle court prendre l'air devant la maison. Il est midi sonnant, et le soleil est bien réconfortant. Mais... attention ! Voilà qu'au détour du button[3] se pointe le berger qui rentre dîner. Dans sa dégaine

d'ivrogne, il salue la fille au balcon et, le museau à son flacon, il lui dit sans vergogne :
— Oh! fffileuse radieuse, laisse-moi voir ttttes talents, où en sont mmmmes toisons?

Sans attendre sa réponse et, surtout, sans sa permission, le voilà qui fonce directement dans sa maison. Cependant, à l'intérieur... ni rouet ni farfadet ne bougent. Où donc ce bougre de faux fileur de tout à l'heure s'est-il défilé?
— Tiens! Tiens! Un bon tiers de mes ttttttoisons n'y sont plus! Et... ô mmmmmmerveille, là, près de la cloison, quel est cet éclat doré? Ai-je la bbbbbberlue?

Le berger s'avance, attiré par ce phénomène singulier... Oui... des quenouilles bien rangées... des quenouilles de fil d'or... toutes gonflées!
— Oh! Oh! Mais que vois-je? Ai-je trop bbbu? Ou pppas assez? Retournons à l'auberge pour vvvérifier!

Le jeune homme prend tout ce fil d'or et déguerpit. Tandis qu'au loin, sa voix de stentor retentit :
La belle qui filera... rara
ma toison... zonzon
partagera... rara
ma maison... zonzon.

Et, sur ce turlutage [4] réapparaît le lutin et son tapage, la bedaine, bedondaine, écarlate comme une tomate et de sa gueule de crapaud à son tour, il bavasse [5] :
Mon nom devineras... rara
ou ma maison... zonzon
partageras... rara
en toute saison... zonzon.

La jeune fille, observant cette procession de ténors polissons et voyant se faire et se défaire ses aspirations, va s'asseoir dans la balançoire et médite, dans un élan divina-

toire : « Pour trouver un nom de lutin, il ne faut pas chercher très loin. Si ça n'est pas Bricolette ou Brigolet, ce ne peut qu'être : Rigaudville ou Rigondville ou Rikiki... ou Roule-ta-boule ou Russelot... ou... » Et tout son après-midi oscille... entre devinettes et rêveries... Mais, sans préavis, elle entend les rimettes[6] du garçon de derrière le button.
— Quoi ? Ai-je donc tant rêvé que la fin du jour est arrivée ?

Oui, c'est le pasteur aux beaux yeux et son refrain de sac-à-vin. Encore pompette, il hoquette :
— Salut, belle fileuse, lllllaisse-moi voir ttttes talents. Où en ssss... où en sont mes toisons ?

Mais le gars est encore plus hardi que la première fois. Le voilà dans le logis, comme s'il était chez lui !
De sa balançoire, la voisine l'entend glousser de contentement.
Puis, d'un coup sec, il bondit dehors, les bras chargés de fil d'or.
Il caracole. Et devant elle,
il vient trébucher, le cruel.
Du bout de son pied, elle repousse l'ivrogne.

— Ne pourrais-tu pas m'aider dans ma besogne ?
— T'aider ddddans ta besogne ? Non ! Tu files lllllla laine comme une championne ! Tu n'as pas besoin d'aide, mmmmmignonne !

Soulevant à demi l'étourdi,
la fille lui dit que c'est un lutin qui a embobiné tout ceci
et, elle lui décrit l'engagement frivole qu'elle a pris
avec ce redoutable esprit.

— Oui, il me faut deviner le nom de ce lutin, sinon, dès demain matin, je serai entre ses mains.
— Ecc... écou... écoute donc ma chanson...

— Ta chanson! Ta chanson! C'est pour l'avoir écoutée que je suis prise au filet.
— Tu me demandes le nom de ce fripon? Tu le trouveras deux fois dans ma chanson. Écoute les dernières syllabes, les derniers pieds, tu pourras facilement deviner.

La belle qui filera... rara
ma toison... zonzon
partagera... rara
ma maison... zonzon.

Sur sa ritournelle, le baragouineur pirouette,
salue la demoiselle et prend la poudre d'escampette.
Presque au même instant, sur ces fredons,
réapparaît le lutin... et son agitation.

Dis-moi comment je me nomme,
ou tu d'viens ma compagnonne!
Dis-moi comment je me nomme,
ou tu d'viens ma compagnonne!

Face à cette girouette affolante qui fait constamment non du crâne, la jouvencelle se met à énumérer tous les noms de lutins qu'elle a imaginés depuis le matin :
— Alors, c'est Kirikiki ?
— Non. Non. Non.
— C'est Luciflet ?
— Non. Non. Non.
— Michalet ? Cochelet ? Cajolet ?
— Non. Non... non... non... non... non...
Mon nom devineras... rara
ou ma maison... zonzon
partageras... rara
en toute saison...zonzon.

Grommelant cela, l'efflanqué farfadet regagne son rouet. Oh ! Comme cette ritournelle martèle la cervelle de la demoiselle !
—... Deviner, deviner ! Rengaine de berger, rengaine enjôlée ! Refrain de lutin, refrain de malin. Parlure énigmatique que ni père ni mère ne m'ont chantée... La dernière syllabe ! La dernière syllabe... rara... zonzon... ra. Oh ! Oh ! Oh ! J'y suis ! Désormais c'est moi qui nomme. Tu peux sortir, lutin diabolique ! Tu peux revenir, berger d'alambic !

Sitôt appelé, sitôt sur place, le lutin grimace :
Dis-moi comment je me nomme.
ou tu d'viens ma compagnonne !
— Ouvre-bien-tes-oreilles, tes-oreillettes-zé-tes-oreillons : car-tu-ne-se-ras-ja-mais-mon-com-pa-gnon ! J'ai deviné ton nom, raseur de démon. Tu as un nom qui n'a ni rime ni raison. Avec tes rara, avec tes zonzon, je te nomme : Razon ! Razon ! Razon est ton nom !!!

Aïe ! Aïe ! Aïe ! Le lutin reçoit son nom comme un coup de bâton. Sa rage enfle tellement qu'une énorme verrue lui apparaît sur l'occiput.

— Tu es plus redoutable qu'une sorcière. Juste comme je finissais les toisons! Tu as dû parler aux Enfers pour deviner mon nom.

Le déchaîné[7] se met si fort à trépigner qu'il se vrille un trou et s'y enfouit comme un filou! Sur cet enterrement... qui ne laisse aucune trace, le berger prend place, un peu... craintif. Craintif mais... beau!!! Beau.... comme dans le conte à son début et, avec ça... une expression... de garnement en infraction, un air à vouloir être pardonné de toutes les déraisons qu'il a entretenues pour conquérir l'ingénue : sa fausse saoulerie, ses affaires d'hôtellerie... et cette laine!!! Oui, toute cette laine à filer... qu'il a commandée. Il rit tellement, en voulant s'excuser, qu'à son tour, la voisine s'esclaffe :

— Ta ruse a bien marché cette fois, mais maintenant que je connais ton mode d'emploi, à mon tour, je vais l'employer, sinon tu auras du fil à retordre, berger!

---

[1] *Gripette* : comme un diable, *Dictionnaire des éditeurs Bélisle*.
[2] *Jambette* : donner la jambette à quelqu'un, lui faire un croc-en-jambe.
[3] *Button* : petite butte, petite colline ; *Dictionnaire des éditeurs Bélisle*.
[4] *Turlutage* : chant fredonné, *Glossaire du Canada français*.
[5] *Bavasse* : parler avec intempérance, *Glossaire du Canada français*.
[6] *Rimettes* : assonance, rime verbale, *Dictionnaire des éditeurs Bélisle*.
[7] *Déchaîné* : diable.

Le roi Tracas et le meunier Sans-Soucy

Il était une fois un souverain qui régnait sur un immense pays. Il n'avait qu'une fille. Le trésor de sa vie. Il voulait par-dessus tout la mettre à l'abri, et des infortunes, et des tragédies. En somme, un assez bon roi. Juste. Mais au jugement un peu étroit. Cette légère faille de fonctionnement semblait toujours lui attirer des désagréments. Tout lui devenait matière à embarras. Entre autres, des tracasseries subies à cause d'un porcher lui avaient laissé un souvenir qu'il n'était pas prêt d'oublier.

Oui, commençons bien au début de l'histoire, avec un nom qu'il gardait frais en mémoire. Un dénommé Janigou. Un effronté. Un petit fierpet[1] qui ne roulait pas longtemps les problèmes dans sa casquette. Toujours est-il que le roi l'avait engagé comme porcher.

— Mon jeune, si je te prends à mon service, c'est pour garder mes cochons. Et je t'avertis : il ne faut jamais ouvrir la barrière de ma porcherie. Parce que les cochons pourraient s'échapper jusqu'à la fondrière et s'y engloutir tout au fond. Compris?

— Sire mon roi, on peut dire que vous avez de la veine! Les cochons? Vous tombez bien, c'est mon domaine.

— De plus, j'ai promulgué une loi :
Il est formellement interdit
d'approcher ma fille chérie.
Quiconque désobéira
aura affaire à moi.

— Vous avez raison, sire mon roi, votre fille n'est pas digne de moi. Elle est digne d'un roi.

Il faut savoir que si le Janigou avait réussi à se faufiler jusqu'au palais, c'était précisément pour avoir accès à cette princesse de son goût.

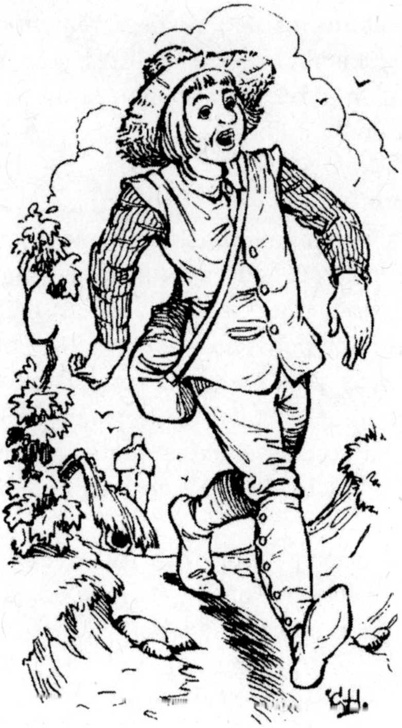
C.H.

Par un dimanche de beau temps, le roi Tracas, accompagné de son intendant, quitte le château. Une absence d'environ une semaine, pour faire la tournée de son domaine et collecter ses impôts. Notre valet, sans faire cas de rien, fait fi de la loi du souverain, franchit le périmètre en plein jour et vient reluquer, sans complexe, la si belle princesse.

Belle comme on dépeint l'amour! Au code pénal, le législateur sait bien que si la vigilance est relâchée, même des lois écrites en latin risquent d'être transgressées. La princesse et le Janigou profitent donc jusques au samedi de l'absence du roi et de sa cour pour s'échanger d'abord des expressions d'amour puis... pour fricoter une petite combine afin de jouir en paix de moments intimes.

Comme son rôle à la porcherie ne lui laissait pas de répit, il lui fallut à tout prix se débarrasser de cette corvée. Janigou, qui avait du maudit dans l'esprit, s'est interrogé... Et... le Diable lui a soufflé:

— Vends tous les cochons de la soue, sauf les queues. Tu les piqueras dans la boue. Et gloire aux ratoureux[2].

Il faut vraiment être sans vergogne et avoir commerce avec Lustucru pour inventer une telle besogne.

Le temps de se cracher dans les mains: les cochons furent équeutés et vendus. Sitôt après, le malotru planta au fond des boues mouvantes du cloaque toutes les queues qu'il avait prélevées du cheptel de la baraque. Mieux, en fin final, pour donner plus de poids à la supercherie, le drôle ouvrit grand la barrière de la porcherie, prit un air de contrition et courut raconter au roi sa chanson.

— Sire, sire, sire mon très bon roi, il est survenu une calamité absurde. Vous connaissez bien notre voisin Panurge. Eh bien! voulant m'emprunter des cisailles pour tondre ses moutons, il s'est enfargé dans ses ouailles.
— Attention! Ne m'invente pas de conte, Janigou! Je suis capable de te tordre le cou.
— Votre Majesté, laissez-moi continuer. Je vous dois toute la vérité. Quand il s'est relevé, tout titubant, a fait son compte je ne sais pas comment, a oublié de verrouiller la barrière. Oui, ce Panurge mérite notre colère! Alors, comme de raison, les bêtes décampèrent vers la fondrière. Regardez. Bien au fond, un vrai cercueil vaseux. Les cochons s'enfoncent à vue d'œil, déjà on ne voit plus leurs derrières. Il ne reste que leurs queues.
— Ah! Janigou, tes histoires ne tiennent pas debout! Je ne crois pas tes menteries de voyou. Je n'aurais jamais dû t'engager comme porcher. Qu'on installe le gibet au parapet, je veux qu'on lui passe la corde au cou!
— Sire mon roi, retenez vos fureurs assassines. Je ne prendrai pas racine.
— Je monte à ma chambre pour voir pendre le pendu! Que des tracas! Que des tracas! Roi Tracas, pourquoi faut-il que je porte ce nom-là?

Le conte ne peut pas finir comme ça, le porcher est trop jeune pour qu'on lui passe la corde au cou. Oui! Le Janigou tremble de toute sa carcasse, mais il ne craint pas la glace. Il retouille attentivement son génie et réussit à se tirer d'impasse.

Sitôt que le roi a le dos tourné, mine de rien, il soudoie le bourreau avec l'argent de la vente des pourceaux. Toujours prêt à toutes les danses, dégringole du gibet et cavale sans arrêt. Au bout d'une heure, réduit la cadence. S'assoit. Souffle et cogite. «Puisque le roi me pousse au dernier retranchement, tentons l'aventure dans un autre rang. Si je veux que cette vie me sourie, vaut mieux aussi changer d'alibi. » Au bout de trois jours de délibérés et de marches à pied, voilà notre vire-capot captivé par un écriteau.

On cherche un homme à tout faire.
La Meunerie Sans-Soucy
L'établissement du Joyeux Vivant
Où l'on paye comptant en souriant.

— Le destin m'appelle! Bonjour! Bonjour, monsieur. Vous cherchez un bon commis, honnête et qui ne rechigne pas à la besogne? Regardez-moi bien. Je suis votre homme. J'ai de l'instruction, qui va de la philosophie jusqu'à la science des grains et de leurs maladies. Si le charançon se met dans le blé, il n'y a que moi, Ti-Jean, pour le déloger.
 — Ti-Vean? As-tu des papiers?
 — Pour travailler, je ne me sers jamais de papiers. Que de ma tête et de mes pieds.
 — Ve ne veux pas de problème. Ichi, il n'y a que le bonheur qui règne. As-tu des japtitudes pour chette matière?
 — Monsieur Sans-Soucy! Nous sommes gens de même farine.

SUR LES AILES DE MON MOU
Sur les ailes de mon mou
Sur les ailes de mon moulin
y'a toujours
dans un coin
un petit bo
un petit bo
un petit bonheur quotidien

— Ti-Vean, tu as le gofier plaifant. Ve t'engage.

Son refrain a été repris par les plus silencieux. Si bien qu'à la ronde, à cent lieues, il ne resta plus un seul malheureux.

Tandis qu'au calendrier, les mois ont couru, la Pâque, la Trinité et les impôts sont revenus. Et comme par hasard... dans ce cas-là, le roi Tracas s'adonna à passer par là.

— Meunier, comment oses-tu t'appeler Sans-Soucy et suspendre une enseigne contenant autant d'inepties?

— Fire mon roi, ve ne suis pas rifhe, ve ne fuis pas non plus miféreux, tout va bien, ve suis heureux. Et comme ve suis heureux, ve suis fanceux.

— Meunier, si tu as tant de disposition pour le bonheur, c'est que tu peux tout régler. Dis-moi sur l'heure : combien de temps faut-il pour faire le tour de la Terre?

— Fire mon roi, fi ve m'appelais le foleil, ve vous ferais fa en vingt-quatre heures.

— Tu ne t'embarrasses pas longtemps, à ce que je vois. Il n'est pas dit que je serai le seul à être fourbu de tracas. Je vais t'en donner des soucis, moi. Voici trois questions auxquelles personne n'a jamais répondu à ma satisfaction. – Premièrement : où est le centre de la Terre? – Deuxièmement : combien je vaux? – Troisièmement : à quoi je pense?

— Fire mon roi, ve veux bien vous donner mon point de vue mais là, vous me prenez au dépourvu. Le fentre de la Terre... fe que vous valez... et fe que vous penfez? Donnez-moi, f'il vous plaît, un peu de temps pour fpéculer.

— Meunier. J'ai horreur de la race des verbeux. Ou tu es vraiment un homme heureux. Ou tu me montes un bateau. Dans trois jours, je t'attendrai au château. Si tu réponds correctement, tu seras exempt d'impôts. Sinon, je te pendrai haut et court. À bon entendeur, salut et à bientôt!

Longtemps après le départ du royal convoi, le propriétaire de la meunerie est resté pantois. Durant un jour, deux jours, deux jours et demi, n'a plus touché à la grande meule de la minoterie. Il a fait des recherches. Sur plusieurs plans. D'abord s'est ratissé le cerveau. Puis a scruté sa mémoire. Puis son livre d'Histoire. Rien. Au troisième matin, a fait venir le curé. L'a obligé à éplucher sa bible au complet. Là non plus, aucune mention en référence aux fameuses questions.

À la meunerie, Ti-Jean remplaçait le maître absent. Il avait beau fredonner à tue-tête sa rengaine pour effaroucher la déveine, rien n'y faisait. L'on sentait que la mort rôdait.
— Patron, patron, je vous vois vous casser la tête. Vous allez mourir avant que votre heure ne soit venue. Quelles sont donc ces questions qui vous embêtent?
— Ti-Vean, dans vune heure ve vais vêtre pendu fi ve ne connais pas le fentre de la Terre... la valeur du roi... et fe qu'il penfe. F'est l'enfer!
— Je ne peux plus vous voir en sanglots. Je vais prendre votre place, maestro. Laissez-moi vous rendre ce service. Je ne moisirai pas en coulisse. Ou j'offre mon cou à la pendaison. Ou je reviens avec vos impôts.

Si le meunier a les idées courtes, Ti-Jean n'a pas les siennes en croûte. Il emprunte au minotier ses habits de boulanger, s'enfarine la bobine et se rend chez le roi Tracas, la tête haute et le bonnet droit.
— Monsieur Sans-Souci, vous voilà! Vous savez que la parole d'un roi ne se casse pas. C'est la vie ou le trépas. À ma première question, que répondra-t-on?
— Le milieu de la Terre, fire mon roi? Le milieu de la terre, fire mon roué, fe trouve exfactement fous vos pieds. Comme la Terre est ronde, touvours l'on pointera, peu importe l'endroit, le fentre du monde.
— Bien! Bien! Bien! Et maintenant deuxio: dis-moi combien je vaux?
— Vingt-neuf deniers, Mavesté!
— Comment? Explique-moi par quel calcul tu me réduis à ce pécule?

— Fire mon roi, aux faints vévanviles, il est écrit que Notre-Feigneur a été vendu trente deniers. À vingt-neuf, f'est un bon marfé. Vous valez prefque autant que lui.
— Meunier, jusque-là, c'est bon. Que répondras-tu à ma troisième question ?
— Fire mon roi, fi ve traverfe avec éclat votre troifième péril, m'accorderez-vous la main de fotre fille ?
— Je dis oui, sans risque de me tromper, car tu ne pourras jamais deviner le fond de ma pensée.
— Fire mon roi, vous croyez parler au meunier Fans-Foucy ?
— Oui.
— Vous vous trompez du tout au tout. Vous avez devant vous nul autre que Ti-Jean, le porcher Janigou !

Le Ti-Jean Janigou secoua sa farine, sa bougrine, sa capine[3] et s'éclipsa avec, en mains, la quittance d'impôts et, au bras, la princesse en cadeau.

---

[1] *Fierpet* : fat, ridiculement orgueilleux, *Dictionnaire des éditeurs Bélisle*, 1944 et 1954.
[2] *Ratoureux* : rusé, espiègle, *Glossaire du parler français au Canada*, 1968.
[3] *Capine* : capuchon, *Dictionnaire des éditeurs Bélisle*, 1944 et 1954.

Le petit moulin

Il était une fois un garçon ni jeune, ni vieux, ni vaillant, ni paresseux, un que la vie n'avait pas gâté ni en intelligence ni en beauté, un comme il en existe encore aujourd'hui, prêt à tout miser sur la loterie.

Ce bonhomme avait gagné un petit moulin. Mais... un petit moulin bien particulier, un petit moulin pouvant contenter toutes ses volontés. Voulait-il manger du pain, du boudin ou du requin? Il tournait la manivelle d'un côté et chantait à son engin : *Petit moulin, mouds! Petit moulin, mouds! Petit moulin, mouds! Beaucoup! Beaucoup!*

Voulait-il bloquer l'engrenage de son appareil tout usage? Il chantait cet autre refrain : *Petit moulin cesse! Petit moulin cesse! Petit moulin cesse tes largesses!*

Oh! on le voyait souvent inviter à des gueuletons ses compagnons ou remplir les garde-manger de ses invités! Toutefois, ce qui faisait surtout la fortune de ce compère, c'était la prouesse de son petit moulin à produire du sel... En effet, dans les ports de mer, il vendait des cargaisons de sel aux capitaines de bateaux, de nacelles. Il s'installait au-dessus des cales, tournait sa mécanique et chantait : *Petit moulin, mouds! Petit moulin, mouds! Petit moulin, mouds! Beaucoup! Beaucoup!*

Bref, après avoir acquis cet ustensile magique, le maître du petit moulin qui n'avait jamais rien réussi, rien, faisait maintenant l'envie de ses voisins et jouissait d'une renommée convoitée.

Un jour, un commandant réputé, un de ces riches armateurs, un gros monsieur qui obtient tout, un baragouineur, du genre chauve, moustache, chaîne d'or sur grosse bedaine et mains agitées dans ses poches pleines de cennes, ce personnage donc, terminant le déchargement de son bâtiment et cherchant une nouvelle livraison à transporter vers les vieux pays, entend parler de la drôle d'invention et se fait conduire chez notre ami :
— Bonjour, mon brave. On me dit que vous possédez un outil singulier qu'une formulette peut activer? Je veux l'acheter. Je vous en offre dix piastres.
— Dix piastres? Monsieur, vous m'insultez! Descendez de ma terrasse!
— Bon... bon... bon... alors, mon brave... votre prix sera le mien.
— Dans ce cas, je demande cinq cents piastres! Pas moins!
— Bien, les voilà! Et quelle est cette phrase que vous prononcez pour l'activer?
— Ici, vous tournez le petit bras et vous chantez tout bas : *Petit moulin, mouds! Petit moulin, mouds! Petit moulin, mouds! Beaucoup! Beaucoup!*

Revenu à son bateau, le capitaine commande bien haut :
— Oh là! matelots! Ouvrez vite les trappes de la cale et surveillez la manœuvre spéciale de ce moulin rigolo! *Petit moulin, mouds! Petit moulin, mouds! Petit moulin, mouds! Beaucoup! Beaucoup!*

Et le petit moulin moulut... Et le petit moulin moulut...

Lorsque la cale fut pleine, il cessa de chanter sa rengaine, le capitaine, espérant par là mettre fin à l'entreprise ; mais le petit moulin moulut quand même, et il moulut tant et il moulut tant que la soute déborda, et qu'au-dessus des trappes le sel s'entassa, et que sur l'entrepont le sel s'amoncela.

— Arrête, moulin de malheur ! Assez, moulin de malheur !

Puis le sel submergea le pont... imaginez, le pont ! Et pon, pon, pon, et pon, pon, pon, impossible de freiner la bordée, le moulin ensorcelé ronronnait sans tarir...

Lorsque le sel eut envahi tout le navire, le commandant bedonnant n'avait plus envie de rire ! Avec du sel jusqu'au cou, debout sur la proue, il lança au loin le petit moulin !

Le garçon, lui, ni jeune, ni vieux, ni vaillant, ni paresseux, que la vie n'avait pas gâté ni en intelligence, ni en beauté, assis sur sa terrasse, se berça avec ses cinq cents piastres et, gardant secrète la dernière partie de sa formulette, acquit pour toujours un prestige certain, tandis qu'au fond de la mer, le petit moulin sala et sale toujours avec entrain !

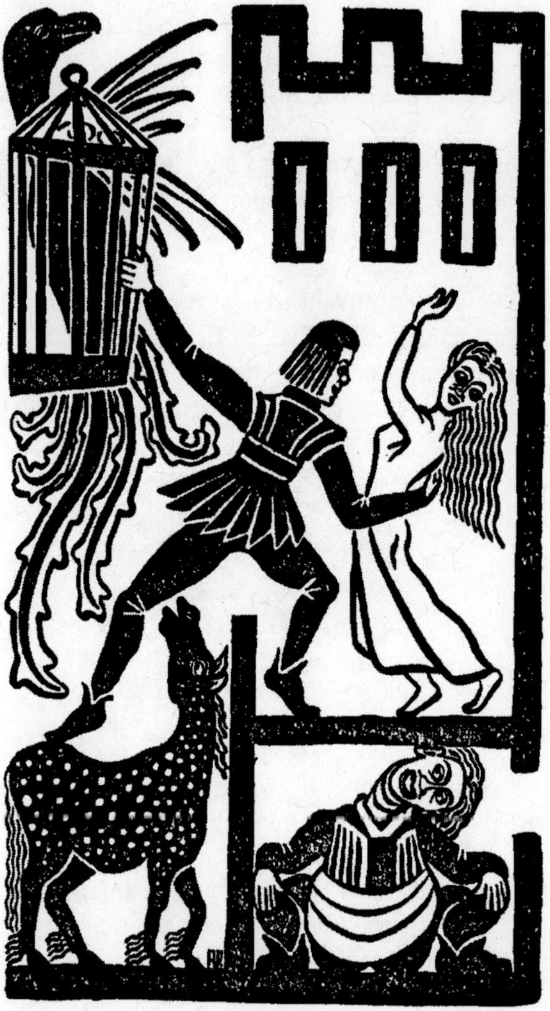

L'Oiseau de Vérité

Il était une fois un pays.
Un vrai pays ?
Oui, un vrai pays de conte,
avec un roi, une reine et un prince.
Un soir, après un long règne,
meurent ce roi et cette reine.
Vers la fin de ses dix-sept ans, ce prince
est donc l'héritier du trône
et seul à la tête de ce royaume.

Un beau matin, de bonne heure,
ce jeune roi dit à ses serviteurs :
— Aujourd'hui, je pars en tournée de chasse,
je ne veux personne sur mes traces.

À cheval sur sa monture,
il galope vers l'aventure.
Bien sûr,
à voyager de-ci de-là dans la nature,
il se perd dans une forêt obscure.
Mais, au moment où, enjambant un ruisseau,
il pense que de manger c'est l'heure,
il aperçoit une cabane de voleurs.

À peine met-il pied à terre
qu'il entend derrière des barreaux :
— Au secours ! Je suis prisonnière !
Les voleurs sont partis, enfoncez le carreau !!!

Et vlan !!!
Le jeune roi, au premier coup d'épaule,
fracasse la lucarne de la taule !

— Mademoiselle, je suis là !
Tendez-moi les bras
et donnez-vous un bon élan... voilà !
Et maintenant... vous montez avec moi !

Une belle fille,
un beau garçon,
un cheval qui les emporte... porte... porte...
Nul péril,
mais une chanson,
et c'est l'amour qui les transporte... porte...
(bis)

Ayant fui la forêt et sa noirceur,
et surtout cet antre de voleurs,
au château ils emménagent
et, très tôt, se mettent en ménage.

Et tout va, tout va, tout va bien !
Les nouveaux époux roucoulent
et se bécotent dans tous les coins.

Mais...
Voilà qu'après un an de bonheur exemplaire,
un pays ennemi déclare une guerre.

Le jeunot dit à sa jeunette toute belle :
— Le devoir m'appelle,
je pars au combat !

— Mais, j'attends un enfant, moi.
J'accoucherai dans un mois,
je t'en prie, reste avec moi.

— Hélas, je ne peux pas,
j'ai l'armée à conduire.
Cependant, comme je ne sais pas
quand je pourrai revenir,
tu ne seras pas seule,
j'ai donné des ordres
pour que règne la concorde
à tous nos valets et servantes,
mais surtout
à la bonne Feinteule,
cette jeune femme de confiance.

— Ah?
Cette fille qui a tant d'admiration pour toi?

— Oui. Feinteule veillera sur toi jour et nuit,
elle me l'a promis.
Enfin sois rassurée, à elle
entièrement je me fie,
puisque je la connais depuis que je suis tout petit.

Et sans plus d'explications ou d'adieux,
la belle demeure là, des larmes aux yeux.

À la tête de ses soldats,
il court au combat
défendre son pays.
Et tutti quanti.
Et tutti quanti.

Le temps de sécher ses pleurs,
quelques semaines après, c'est l'heure,
la jeune épousée
met au monde son bébé.

Près du lit de sa mère, dans son berceau,
rien au monde n'a été vu de plus beau !
Dans ce bébé si bien fait...
c'est la beauté elle-même qui naissait !
Et c'est au soir de ce grand événement
que, le regard tourné vers son trésor,
la toute nouvelle maman
sourit enfin et s'endort.

Une légère plainte,
au petit matin,
la réveille soudain...
et... que voit-elle
dans le ber[1] de satin ?
Des oreilles poilues !
Quatre pattes ! Un chien !

Au même instant,
on toque à la porte.
Feinteule se précipite et demande :
— Mais... mais... mais....mais... mais...
qui frappe de fi bonheur?

— C'est moi, le roi, n'ayez pas peur.
Au bout d'un mois et un jour,
je m'accorde un petit séjour.

En effet, une trêve dans la guerre
ramène au château le jeune père.

— Mais... mais... mais... mais... mais...
laiffez-moi vous préfenter
fotre bébé, Mafesté!

— Mon bébé? Vous n'êtes pas réveillée?

— Mais... mais... mais... mais... mais...
fi... fi..., Mafesté.
F'est hier qu'il est né.
Fous n'aimez pas fe foli mufeau?

— Éloigne-toi, Feinteule.
Avec ma femme, laisse-moi seul.

— Dans mes bras, ma toute belle!
Donne-moi de tes nouvelles.

Là-dessus, la belle raconte la naissance
de son bébé tout rose,
lui décrit sa frimousse et mille autres choses,
mais ne peut lui donner d'explications sur la
métamorphose
de leur enfant devenu un chien,
qu'elle découvre en même temps que lui, ce matin.

L'Oiseau de Vérité

Et sur ce,
l'accord se recompose
et les moments passent,
et les temps du jour,
et les temps de la nuit,
et puis... et puis...
le repos et les vacances sont finis.

À la tête de ses soldats,
il court au combat
défendre son pays.
Et tutti quanti.
Et tutti quanti.

Comme la guerre ne finit pas,
ici, après neuf mois,
la belle accouche une deuxième fois,
accouche d'un poupon au teint lumineux,
aussi beau que le premier de la famille,
avec des yeux tout ronds qui pétillent,
comme des grains de sel dans le feu.

Au bout d'un an et un jour,
le roi s'accorde un deuxième séjour.
Du château il traverse la cour.
Toc, toc, toc!

Feinteule accourt,
comme toujours.

— Mais... mais... mais... mais... mais...
Fotre Mafesté, bonfour!
Oh! laiffez-moi fous préfenter
votre bébé!

— Mon bébé?
Qu'est-ce encore que ce vilain tour?

Et les mêmes histoires ont recommencé:
un deuxième bébé,
en chien, s'est encore métamorphosé!

Et le temps a filé.
Et le temps a passé.
Et à la fin de son congé,
le roi est retourné.

À la tête de ses soldats,
il court au combat
défendre son pays.
Et tutti quanti.
Et tutti quanti.

Cependant, au loin, si la guerre ne veut toujours pas finir,
ici, en neuf autres mois, l'on voit du nouveau surgir.

Comme de coutume,
la belle, à l'heure nocturne,
donne naissance à une enfant,
une enfant,
au minois séduisant
comme la pleine lune.

À la fin de la troisième année
plus la journée,
réapparaît le roi guerrier,
réintégrant sa paternité et son foyer.

Cette fois,
Feinteule le reçoit,
une petite chienne dans les bras...

Oh! là, là, lala!
Sans prendre le temps de retourner le problème dans son
esprit,
sans revoir sa femme,
ce père infâme,
ordonne et lance les hauts cris :

— Que ces trois chiens l'on attache,
près d'une auge sur la place,
que l'on assoie leur mère en face...
et ce qui est dit,
reste dit !

Bon, bon, bon, bon, bon !
Eh bien !...
Laissons de côté
un conte si mal engagé,
où ni le père
ni la mère
ne savent raisonner,
et...
permettez-moi de vous raconter
cette autre histoire
d'une vieille et ses enfants,
remplie d'espoir.

Il était une fois une bonne vieille,
une bonne vieille tout à fait comme il faut,
vivant au bord d'un ruisseau.
Elle avait trois enfants. Des merveilles !
Une belle fille et deux garçons pareils.

Elle adorait les plantes,
les grimpantes, les rampantes,
les fruits juteux, les légumes croquants,
sans oublier les fleurs de l'été ou du printemps.

Alors, vous pensez bien,
elle était toujours au jardin,
si bien
que cette passion pour l'horticulture,
elle la refila à sa progéniture.

Et tous les quatre, du soir au matin,
ils jardinaient ou s'amusaient avec entrain.

Une fin d'après-midi, à l'ombre de la clôture,
les enfants terminaient de nouvelles boutures,
lorsque de l'autre côté, ils aperçurent
un vieux qui leur dit, les pouces à la ceinture :
— Vous avez un jardin admirable,
cependant... il pourrait être inimitable
si vous aviez deux trouvailles... inusitées :
l'Eau jaune et l'Oiseau de Vérité.

La vieille intervient aussitôt :
— Déguerpis, vieux snoraud[2] !
Avec tes idées de malheur,
tu veux briser notre bonheur ?
Entrons manger, les enfants,
et oubliez ce malfaisant !

Ce soir-là, le plus vieux des garçons
s'est couché après le boulot
avec l'idée du vagabond
dans le ciboulot.
Et...
s'il ne s'est pas endormi tôt,
c'est qu'il a travaillé du chapeau !
Aussi,
au réveil, il s'est exclamé très haut :
— Maman ! Maman !
Je pars dans la matinée
chercher
l'Eau jaune et l'Oiseau de Vérité !

— Non ! Non ! Non ! Non ! Non !
N'y va pas, mon garçon !
Ce serait une folie !
Des milliers avant toi
ont tenté cet exploit,
et tous en sont morts,
perdus au fond des bois !

— Nenni ! Nenni !
Mes résolutions de la nuit
m'ont trop emballé
pour, à présent, y renoncer.
Adieu, la compagnie !

Dehors, un pas, deux pas, trois pas,
la recherche est commencée.
L'aîné n'a qu'un but :
rapporter l'Eau jaune et l'Oiseau de Vérité.

Il marche, il marche sans s'arrêter,
il marche jusqu'à la nuit tombée.
Puis, chez un géant, demande l'hospitalité.

— Bonsoir, grand-père !
Puis-je dormir chez vous,
pour être à l'abri des loups ?

— Certainement, mon petit gars !
Tiens, tu vas coucher là.
Tu dois être fatigué ?
Tu viens de loin, je peux gager !

— Oh, oui ! Je viens de loin.
Je ne peux pas dire de combien loin,
mais je marche depuis le matin.

— Oui, oui, je sais tout cela.
Je sais aussi où tu veux aller.
Tu veux trouver l'Eau jaune et l'Oiseau de Vérité ?

— En effet, c'est l'exacte réalité.
Mais puisque vous êtes si fin devineur,
ne pourriez-vous pas être mon indicateur ?

— Oh ! je ne saurais être d'un grand profit,
sauf de t'offrir une soupe et un lit.
Cependant, cette nuit,
je vais consulter pour toi mon livre d'érudit.

Et s'endort le gamin,
jusqu'au lendemain.

Lorsque six heures sonnent,
le géant fredonne :

Allons, debout, voyageur !
Ton destin t'appelle ailleurs.
Allons, debout, voyageur !
Ton destin t'appelle ailleurs.

— J'ai eu beau relire tout mon grand livre gris,
ce que tu cherches n'y est pas écrit.
Cependant,
en y bien repensant,
je me suis dit
que plus l'on vieillit,
plus l'on est connaissant.
Moi, je suis jeune, je n'ai que trois cents ans,
alors que mon frère de six cents ans,
lui, c'est un géant savant !
Il pourrait donc te donner ton renseignement.

— Mais où trouverais-je sa maison
que je lui pose ma question ?

— Sa maison est à des lieues et des lieues d'ici.
Tu ne la trouverais pas seul, tu es trop petit.
Cependant,
pour que tu y sois ce soir,
je vais te passer mes bottes,
elles te conduiront à son manoir.
Mais il y a une condition pour avoir mes bottes.

— Si je peux satisfaire à votre exigence,
j'accepte vos bottes avec reconnaissance.

— Eh bien ! C'est qu'une fois rendu,
tu retournes mes bottes sur leurs talons
pour qu'elles reviennent à la maison.

— Si ce n'est que cela, c'est entendu !
Géant, salut !

— Enfant, salut !

Au temps des géants,
ces bottes étaient très à la mode,
l'on devine facilement
comme cela était commode.

Et...
nous voilà au soir,
nous voilà au manoir.
Et...
nous retournons les talons.
Et...
Nous entrons chez le grand frère géant.

La réception de ce deuxième colosse pour le jeune homme
s'est reproduite comme une copie conforme :
il a répété les mots et les gestes

de son géant de frère cadet...
la soupe, le lit.
Pour chercher l'Eau jaune et l'Oiseau de Vérité,
il a fouillé
dans son livre lui aussi.
Il n'a pas, non plus, trouvé
et...
manquait-il de confiance en lui,
il a parlé d'un frère aîné,
un géant de neuf cents ans,
qui saurait mieux le renseigner que lui.

Bien plus,
il lui a aussi prêté sa paire de bottes...
mais, entre nous, elles avaient des rapiéçages,
l'on voyait qu'elles avaient servi davantage.
Puis, acceptant la même condition,
le jeune garçon
est parti en voyage.

En arrivant
chez le troisième géant,
le garçon a fait virer d'un demi-tour
la deuxième paire de bottes
et, comme au rythme d'un tambour,
elle s'est éloignée de la porte.

— Bonjour, bonjour grand-père!
Je viens de la part de votre frère!
Il vous fait dire que tout va bien à la maison
et vous prie d'accepter ses meilleures salutations!

— Bonjour, bonjour, petit!
Je sais que si tu viens dans mes parages,
ça n'est pas pour me porter ce message!
Je vois sur ton visage
que tu veux savoir où trouver

l'Eau jaune et l'Oiseau de Vérité!
— Vous êtes forts, dans la famille,
pour trouver ce qui me tortille[3].

— Je vais fouiller dans mes bouquins
et, demain matin,
je t'indiquerai le chemin.

**ET DODO, L'ENFANT DO, CE SOIR,
DODO, DORMIRA COMME UN LOIR.**

Ouvrant les yeux à son réveil,
le jeune visiteur aperçut le géant,
attendant, à son chevet, qu'il s'éveille
pour lui expliquer un plan important :
— Tu vas t'engager au bas de cette côte.
Dès que tu y auras mis le pied, fais une pause.
Tu verras s'ouvrir devant toi, comme un cahier,
un large chemin de satin vert,
bordé de statues de sel très particulières,
des statues vivantes et parlantes.
Tu n'auras qu'à monter cette allée,
au bout, se trouvent l'Eau jaune et l'Oiseau de Vérité.

— Ah! mais c'est bien facile!

— Oui, peut-être, mais il y a une condition exigée :
c'est que tu ne dises pas un mot durant le trajet!

— Encore plus facile!
Je ne suis pas un imbécile!

— Bien sûr, petit!
Mais il faut que tu saches aussi
que tout au long de ce parcours,
ces statues te tiendront un insultant discours

de grossièretés blessantes,
d'injures les plus offensantes.
Si tu résistes à ces gros mots,
tu mériteras le magot.
Sinon en statue tu seras changé,
comme tous ceux qui, avant toi,
à se taire n'ont pu résister.
Bonne chance, petit!

— Merci, grand-père, merci!

Sitôt arrivé sur la voie de satin vert,
le jeune se fait bombarder de noms de travers:
Maudite tête de linotte!
Va te moucher,
t'as la guédille[4] au nez!
T'as un trou dans ta culotte!
T'as l'air d'un rat écrasé!

— Ahhhhhhh!
Allez au dia... ... ...

C'est les bras en l'air, figé dans cette position,
qu'en statue de sel il termine sa mission.

Là-bas, chez la bonne vieille comme il faut,
la vieille du jardin, au bord du ruisseau,
l'autre petit garçon
s'ennuyait de son frère,
il tournait en rond
à ne plus savoir quoi faire.

— Maman, il y a trois jours et trois nuits
que mon grand frère est parti,
il doit avoir trouvé
l'Eau jaune et l'Oiseau de Vérité!

Ce matin, je t'annonce mon départ,
je vais à sa recherche, au hasard.
— Oh, non! Je t'en prie, n'y va pas, mon enfant!
N'avons-nous pas tout ce qu'il nous faut en ce moment?
Nous ne sommes pas riches, il est vrai,
mais ni pauvres tout à fait.
Avec les fleurs qu'à la ville nous vendons,
nous avons suffisamment d'argent.

Mais l'exemple de l'aventurier est plus puissant
que la culture des fleurs et les avertissements.

— Adieu, sœurette!
Adieu, maman!
Je serai de retour
dans peu de temps!

Lui aussi a refait le chemin de l'aîné :
un premier voyage à pied,
les deux autres, en bottes prêtées.
A couché chez les géants
de trois, six et neuf cents ans.
N'a pas su non plus résister
à tous les noms qu'on lui a criés...

Et...
il s'est retrouvé
en sel statufié
avec son frère
dans le chemin de satin vert.

Là-bas, chez la vieille comme il faut,
la vieille du jardin, au bord du ruisseau,
il ne restait d'enfants que la petite.
Après trois jours et trois nuits,
la fillette a dit :

— Maman, je m'ennuie à pleurer!
Mes frères, je vais les chercher
et je te promets que je reviendrai.

Malgré les lamentations de la maman,
la petite s'est rendue jusque chez le troisième géant.

Mais...
lorsque celui-ci lui a dit
qu'il ne fallait pas répondre aux attaques,
la petite lui a demandé:

— C'est bon, alors vous allez me donner
de la mélasse et de la ouate!

— Tiens, tiens! De la mélasse et de la ouate...
Personne n'a jamais demandé
ces deux ingrédients
en même temps.

— Oh, oh! Tout le monde a de la mélasse
Et...
de la ouate? De la ouate? Je ne sais pas!
De la ouate, oui, peut-être dans mon vieux casque d'hiver
que je portais, il y a cinq cents ans,
quand j'allais voir mon frère.

— Eh bien!...... Allez me le chercher!

Le gros géant obéit comme une petite poule,
et tête première dans les tiroirs, il fouille,
et tête première dans les armoires, il fouille.

— Ça y est! Ça y est! Ça y est! Le voici!

Il découd alors l'intérieur de la doublure
pour trouver la ouate dans la bourrure.

— Ah! merci, merci! Ça ira!
Et maintenant, la mélasse... grand-papa!

— De la mélasse, de la mélasse,
s'il m'en reste, elle doit avoir au moins vingt-cinq années,
car c'est depuis ce temps que je ne mange plus sucré.

— Oh! Une cuillérée me suffira, vous savez.

— Heureusement, tu n'es pas exigeante!
J'ai à peine cela dans ma dépense[5].

En lui tendant l'infime portion,
le géant s'est accroupi sur les talons
pour mieux observer l'opération...
Alors... il a vu la fillette séparer
la ouate en deux boules
et, au creux de sa main, les tremper
dans la mélasse pour qu'elles roulent.

Lorsqu'elles ont été bien rondes et bien collantes,
dans ses oreilles elle les a fourrées,
puis a demandé au géant de crier.

Le géant a crié.

Elle a fait signe que non.

Le géant s'est relevé
et là,
le géant a poussé son cri de géant!!!

Elle a fait signe que non!

Alors, ils se sont fait signe de la main
que tout allait bien,
qu'elle pouvait s'engager sur le fameux chemin.

Et la voilà qui marche et qui court dans la pente de satin,
et qui se faufile entre les fantoches et les sapins,
sans entendre ni les affronts ni les sottises.
Les statues ont beau la traiter de tous les noms,
avec ses boules d'insonorisation,
elle n'entend rien, non!
Elle n'a vraiment qu'une hantise:
dénicher le trésor et les deux garçons.

Cette ascension la conduit devant les deux lourds portails
d'un château
qui s'ouvrent aussitôt.
Elle voit alors briller, au même instant,
l'Eau jaune dans un flacon de cristal et d'argent
et l'Oiseau de Vérité
dans une cage aux moulures d'or sculptées.

— J'ai réussi! Youpi!
Ce troisième géant connaissait bien son affaire!
Maintenant, à la recherche de mes frères!

À ces exclamations,
trois chevaux sellés font leur apparition!
La fillette enfourche le premier animal
et, avec dans les oreilles ses boules géniales,
les bras chargés, s'engage dans la descente qu'elle dévale,
suivie des deux autres coursiers.

Vers la fin du trajet statuaire,
elle reconnaît ses frérots pétrifiés.

— Sœurette, c'est nous, tes frères!
On nous a jeté un mauvais sort!
Frôle-nous de l'Oiseau séculaire
et nous serons délivrés de cette mort!

La fillette fait signe que non.

Alors si tristes deviennent les yeux des garçons
qu'elle enlève ses bouchons
pour entendre répéter l'intervention
avec précision.

Sans dire un mot,
sans dire : « Oui, c'est bien ! »,
de la cage elle les frôle
et leur indique de la main
les deux montures
qui les attendent en bordure.

Immédiatement, sur les chevaux ils ont sauté
et tous les trois ont galopé
jusqu'au manoir,
chez le plus vieux géant,
pour faire les au revoir
et les remerciements.
Acceptant leur civilité en tout point,
le géant les a retenus néanmoins
pour signifier à la fillette :
— Malgré cette riche cueillette,
même si tu as réussi,
l'essentiel n'a pas été dit.

— Mais quelle histoire !
Qu'est-ce que je dois encore savoir ?

— Eh bien ! rendue dans ton jardin,
tu prendras une branche de thym,
dans l'Eau jaune tu la tremperas
et, au-dessus de ta tête, tu aspergeras,
partout, du début à la fin,
jusqu'aux quatre coins.

Ensuite,
tu ouvriras la cage d'or
pour que l'Oiseau vole dehors.
Alors,
au plus haut du plus grand arbre,
il ira se percher.
Et si tu veux l'entendre parler ou chanter,
tu n'auras qu'à le lui demander.

— Très bien, merci, grand-père.
À bientôt, j'espère !

— Attends, attends, je n'ai pas fini, mademoiselle !
Il faudra de plus organiser dans le jardin
une visite officielle.
Après la promenade, à la fin,
tu demanderas au roi, à sa femme, aux puissants
de raconter chacun un boniment.

— Cette fois, c'est tout ?
Alors merci, merci vraiment,
pour tout, tout, tout,
tout-tout, tout-tout !

Et en trois, deux, un, zéro,
ou le temps de crier ciseaux,
les voilà revenus chez eux,
chez la bonne vieille comme il faut,
la vieille du jardin, au bord de l'eau.

— Oh ! dans mes bras ! Oh ! oh ! oh !
Dans mes bras, mes moineaux !
Et maintenant,
sans parler tous en même temps,
racontez-moi vos étranges déplacements.

Comme de raison, les deux garçons
ont débité d'une seule voix :
— Maman,
nous sommes allés chez trois géants,
en grosses bottes, nous avons voyagé,
puis,
en statues de sel avons été changés,
et
si notre petite sœur n'avait pas trouvé
l'Eau jaune et l'Oiseau de Vérité,
nous n'aurions pas été sauvés.

— Ma petite dernière !
Tu as fait tout ça
et tu me reviens entière ?

— Oui ! j'ai réussi ces merveilles
grâce à mes tampons dans les oreilles !

Et bla, bla, bla et bla, bla, blé.
Elle a jasé...
Elle a parlé
de la réception à organiser
et de tout ce que le géant lui a conseillé.

Le lendemain, après le déjeuner,
avec sa branche et son eau,
la petite a aspergé
de long en large, de bas en haut,
et là,
ce qui s'est passé
a littéralement enchanté
la fillette, les garçons et la mémé !

L'Oiseau de Vérité

Ce jardin, qui déjà était admiré de tous,
s'est métamorphosé jusqu'à la dernière pousse...
Du plus petit brin d'herbe jusqu'au faîte des arbres,
en or pur!!! Comme je vous parle!
En or souple, pour les pétales,
pour l'écorce, en or dur comme le métal.
Une éblouissante floraison d'or
embaumant, dans la moiteur de la rosée, toute cette flore
en subtils parfums d'ambre et de jasmin
comme au jardin des chérubins.
Et lorsque la petite s'est avancée
pour ouvrir la cage sculptée,
en volant sur la plus haute ramée,
l'Oiseau de Vérité a chanté:
**Si de ma cage tu m'fais sortir,
c'est pour chanter et te ravir.
Je pourrai aussi par ma voix
dévoiler chose qui surprendra.**

Je pourrai aussi par ma voix
dévoiler chose qui surprendra.

Aussitôt sont accourus de tous côtés,
des campagnes, des villes, de tout le pays,
les plus hauts dignitaires, comme les petits.
En rangs cordés, ils ont défilé
et de beauté se sont rassasiés.

Quand, au terme de la visite officielle,
pour respecter les vœux du géant,
la jeune demoiselle
a demandé à chacun son boniment,
cela n'a été que compliments,
du plus humble aux plus puissants.

Bravo! Bravo! Bravo, toute l'assemblée!
Mais sa femme et le roi n'ont pas parlé!

Alors toutes les têtes étonnées
vers là-haut se sont tournées,
de plus en plus émerveillées
d'entendre un oiseau causer.

— Mais... mais... mais... mais... mais...
Un oifeau qui me demande de parler?
À moi, la femme du roi?
Fe ne faurais refufer!
Bel oifeau!

Comme f'aimerais que tu fois à moi
ainfi que fe magnifique fardin-là!

— Quant à moi, le roi, je pourrais ajouter
qu'au monde, ce que j'aurais préféré,

L'Oiseau de Vérité

malgré que la guerre j'aie gagnée,
c'eut été d'avoir des enfants
aussi intelligents
et aussi beaux
que ceux de la vieille comme il faut.

— Permettez-moi, pour finir, Majesté,
de demander à mon Oiseau de chanter.
Pour consoler le roi, bel Oiseau,
entonne ton chant le plus beau.

Un très jeune roi part au combat,
revient d'l'armée voir son bébé.
Son bébé lui est présenté,
c'est un p'tit chien emmailloté.

Mon chant est doux,
mon chant est dur.
Mon chant est doux,
mon chant est dur.

La reine accouche deux autres fois,
tandis qu'ce roi r'tourne au combat.
En tout, deux gars et une fille,
les vrais enfants de la famille.

Mon chant est doux,
mon chant est dur.
Mon chant est doux,
mon chant est dur.

Une vilaine femme peu scrupuleuse
dans des boîtes cache les nouveaux-nés,
les jette aux eaux tumultueuses,
changeant bébés pour chiens trouvés.

Mon chant est doux,
mon chant est dur.
Mon chant est doux,
mon chant est dur.

Une très vieille femme au bord de l'eau,
tous les ans r'pêche un marmot.
Deux gars joufflus et une fille ronde
grandissent en paix très loin du monde.

Mon chant est doux,
mon chant est dur.
Mon chant est doux,
mon chant est dur.

Le plus curieux de cette histoire,
c'est que ce roi a installé
épouse et chiens à l'abreuvoir,
exposés à tous les regards.

Mon chant est doux,
mon chant est dur.
Mon chant est doux,
mon chant est dur.

La grande traîtresse, la voilà,
qui a chassé du cœur du roi
la reine et véritablement mère
de ces princes et princesse-là.

Mon chant est doux,
mon chant est dur.
Mon chant est doux,
mon chant est dur.

Voilà, ô roi, la clé d'l'histoire.
Tes trois enfants sont là ce soir.
Ils ont cherché, ils ont trouvé
l'Eau jaune et l'Oiseau de Vérité.

Mon chant est doux,
mon chant est dur.
Mon chant est doux,
mon chant est dur.

La belle Eau jaune vous a tous emm'nés
dans ce jardin pour admirer,
parmi tout's ces splendeurs dorées,
ces p'tits enfants abandonnés.

Mon chant est doux,
mon chant est dur.
Mon chant est doux,
mon chant est dur.

Et moi, l'Oiseau sur la ramée,
à vous chanter la Vérité,
la reine vous attend là-bas.
Courez vite vous j'ter dans ses bras.

Mon chant est doux,
mon chant est dur.
Mon chant est doux,
mon chant est dur.

Après cette chanson de Vérité,
les yeux du roi se sont écarquillés,
les yeux des enfants se sont ouverts bien grands,
tandis que les yeux de Feinteule voulaient nier
l'évidence et sa culpabilité.

Alors le roi a ordonné
que l'on ramène en carrosse doré
la reine injustement traitée
et...
que Feinteule soit attachée
avec les trois chiens trouvés.

Et pour tout recommencer,
le roi a offert un festin
à tous les invités du jardin
pour renouveler ses noces
au son des tambourins.

---

[1] *Ber*: berceau.
[2] *Snoraud*: vaurien, canaille.
[3] *Tortiller*: turlupiner, tracasser.
[4] *Avoir la guédille au nez*: avoir la goutte au nez.
[5] *Dépense*: lieu où l'on conserve les provisions destinées à la table.

Le fils de Thomas

Il était une fois une bûcheronne et un bûcheron
qui ne réussissaient pas à avoir d'enfant.

Le bûcheron sans arrêt ronchonnait :
— Cette maison est bien trop grande à chauffer !

La bûcheronne sans arrêt ronronnait :
— Seule une famille pourrait la réchauffer !

Tous les jours, ils se redisaient la même chose,
mais un soir, elle ajouta après une pause :
— Tiens ! Moi, je me contenterais d'un enfant...
 pas plus long que mon pouce !

— Ah ? Moi aussi, je veux un enfant
 pas plus long que mon pouce !

Comme il faisait nuit,
ils allèrent au lit.

Et le temps passa,
et passi...   et passa,
et passi...   et passa,
et...
au bout de six ou sept mois,
la femme accoucha
d'un enfant tout beau et tout chaud,
mais un enfant à la si minuscule frimousse...
que, de la tête aux pieds, il n'était pas plus long que le pouce !

En voyant le nouveau-né,
le père s'est écrié :
— Mais, bûcheronne, qu'est-ce que cet avorton ?

Si j'avais su, je l'aurais souhaité un peu plus long!
Je ne veux pas être le père de cet enfançon!

— Bûcheron, nous l'avions souhaité ainsi!
Nous l'aimerons ainsi!

Et aussitôt, elle,
elle fut aux petits soins pour le poussinot.
D'abord, ce beau nom de Tom Pouce qu'elle lui donna.
Tom, comme son père Thomas,
et Pouce, pour rappeler son format.
Et puis... et puis les nourritures,
et puis les caresses,
et, bien sûr,
avec les délicatesses
et le temps qui a coulé.
Tom Pouce se mit à marcher, à parler,
à courir.
Oh! à courir...
d'un pot de confiture
à un trou de serrure,
en multipliant les espiègleries
autant que les acrobaties.

Le fils de Thomas

Ainsi, un soir de réveillon,
alors que ses parents dansaient le rigodon,
Tom Pouce profita de leur distraction.

À cheval sur un papillon,
il survola du haut de sa monture
les fricassées, les fritures,
mais... glissa...
dans une bouillie au chocolat!!!
Par bonheur, il s'en échappa
grâce à un bouillon
qui le propulsa
jusqu'au plafond.

Si, d'une gaminerie à une plaisanterie,
son intelligence et son habileté se développaient,
on ne pouvait pas en dire autant de sa taille qui toute petite restait.
Pouçot il était,
pouçot il restait.

Un matin, son père grognait
avant de partir bûcheronner en forêt :

— Aujourd'hui, je commence à bûcher un terrain nouveau,
    mon cheval et ma voiture ne passeront pas,
    il va me falloir ouvrir un chemin plus haut.
    Si j'avais donc un grand gars,
    je lui demanderais de me rejoindre dans le bois,
    avec le cheval, la charrette et un bon repas.
    Nous mangerions ensemble et j'aimerais ça.
    Puis, j'empilerais le bois coupé
    et je reviendrais la voiture chargée.
Tom Pouce, avalant son gruau,
répondit aussitôt :

— Diriger un attelage,
    mais c'est de l'enfantillage!
    J'y serai à midi sonnant,
    avec le repas, la charrette et la jument!

— Toi? Toi?
    Mais tu es plus petit qu'un moineau!
    Comment tiendrais-tu les cordeaux?

Sur ces mots fâcheux,
le bûcheron quitta les lieux,
encore grincheux.

Vers la fin de l'avant midi,
alors qu'au bois
le père était parti,
l'on retrouva à l'écurie
Tom Pouce et sa mère aussi.

— Tu n'es pas raisonnable!
    Tu es trop petit, tu ne seras pas capable!

— Je t'en supplie, maman,
    aide-moi à exécuter mon plan.
    Place-moi dans l'oreille de la jument
    et je rejoindrai papa à temps.

La mère finit par consentir
à accomplir
son désir.
Elle fixa les attelages sur la bête et la charrette,
mais installa son fils sur la banquette
dans une boîte d'allumettes.

— Non! Non! D'ici, le cheval ne m'entendra pas crier,
    c'est dans son oreille que je veux voyager!

La mère s'inclina devant le petit turbulent
et introduisit le fiston dans l'oreille de la jument.

Et... hop! En avant!
Tom Pouce partit joyeusement pour le chantier,
en vrai cavalier sur son coursier.

Et cahin-caha,
tout cela galopa, galopa, galopa...
Mais alors qu'il traversait le secteur,
il croisa une troupe d'acteurs.
Pour les contourner, Tom Pouce s'époumona :
— Hue! La Puce, hue! Dia!

— Qu'entends-je? dit un acteur.
　　Quelle drôle de voix a cette voiture!
— Ce n'est pas, dit une actrice, la voix de la voiture,
　c'est le cheval qui parle.
　　Ne les perdons pas de vue.
　　Voilà un bon sujet de revue!

Dans le sillage
de l'étrange équipage,
les baladins intrigués
suivirent la piste du chantier.

Et cahin-caha,
tout cela
alla au pas, au pas, au pas...

Quand, à quelque distance de là,
résonna
une petite voix :
— Oh! oh! halte!
　　Ma belle jument,
　　nous y voilà, maintenant!

Sortant à demi de sa cachette poilue,
Tom Pouce lança sur un ton aigu :
— Papa! Papa!
　　Il est midi sonnant!
　　Me voici avec le gréement!

Lorsque le père fouilla au fond de l'oreille
pour tirer son fils au soleil,
la bande de curieux
n'en croyait pas ses yeux.

— Un petit homme ! Un vrai !
— Mais ce marmouset serait
   un personnage parfait.
      À nous les spectateurs, désormais !

Les comédiens, que la faim tenaillait vraiment,
imaginèrent un moyen de gagner de l'argent
facilement.

Une actrice s'approcha du père en déclamant :
— Vends-moi ton petit bonhomme !
   Je veux me marier avec lui !

Eh bien !
Elle avait si fière allure, cette fille à marier,
que le père n'hésita pas à conclure le marché !

Elle délia sa bourse,
tendit au père une pièce d'or,
saisit et flanqua Tom Pouce
dans son sac et lui dit : « Dors ! »

Tom Pouce, que la noirceur et le sommeil n'attiraient pas
   en masse,
au fond de cette besace,
y mena une telle bourrasque
que l'acheteuse l'en retira
et le déposa
sur le bord de sa capeline.

Tom Pouce retroussa de ses petits bras
les fleurs et la mousseline
et se mit à gambader, au grand jour,
tout autour
du chapeau de la coquine.

Et trottinez, trottinons, trottinette!
Elle rêvait, la fille en trottinant,
en trottinant, le nez bien en l'air comme une porteuse de
couronne.
Elle rêvait à cette fortune
qui sautillait sur sa tête de bouffonne:
— Je le ferai danser dans la paume de ma main.
    Je le ferai marcher sur un fil.
    Je lui apprendrai le latin.
    Il fera de moi la plus riche des filles.

Le minuscule gamin,
que le goût du cirque ne séduisait en rien,
carillonna la fin du refrain
comme un réveille-matin:
— Drelin! drelin! drelin!
    Posez-moi donc un peu par terre,
    j'ai un petit besoin à satisfaire!

— Sois sage sur ce balcon,
    si tu deviens polisson,
    c'est mon sac qui t'attend et au fond!

— Mais, belle étrangère,
    vous ne m'avez pas compris!
    Je connais les bonnes manières,
    je veux faire pipi!

L'actrice cueillit le poucet
sur son chapeau
pour le planter à ses pieds
sur un roseau.

Aussitôt,
Tom Pouce déguerpit,
comme une étincelle,
vers un trou de souris
pour échapper à la péronnelle.

— Cherchez-moi si vous voulez,
jamais plus vous ne me trouverez !

En effet, elle ne l'a plus retrouvé,
même en cherchant à quatre pattes
avec une gratte.
Dans ce terrier aux mille recoins,
Tom Pouce n'avait qu'à s'enfoncer plus loin.

À minuit,
au comble de l'obscurité et de la furie,
l'actrice piétina son grand chapeau
et quitta le lieu tête nue,
grandement déçue.
Lorsque la malheureuse et sa troupe eurent fait place nette,
Tom Pouce sortit de sa cachette.
Cependant... à peine sorti,
que vit-il ?
Une coquille !

— Tiens ! Une coquille...
   qui oscille.
   Une coquille d'escargot...
   sans escargot,
   que le vent berce comme un berceau.
   Voilà bien un gentil domicile
   pour dormir tranquille !

Et, il s'y glissa
et baîlla,
et se recroquevilla.
Mais, au moment de s'endormir,
il fut dérangé par des paroles, des soupirs...

En effet,
deux voleurs qui passaient
se chuchotaient des projets
pour cambrioler
monsieur le curé:
— Che me demande à quelle plache che curé
cache chon or et chon archant?

— Che pense qu'il le cache sous chon sommier,
mais comment s'y glisser?

— Je le sais moi! fit Tom Pouce.

— Qu'est-che que ch'est?
disent les bandits affolés.

Entendant leurs genoux claquer
comme les piliers d'un pont qui allait s'écrouler,
Tom Pouce ajouta:
— Il n'y a qu'un brave
qui puisse se glisser jusque-là!

Du coup, Tom Pouce bondit de sa coquille,
atteignit la cheville
et grimpa à l'assaut
de l'épaule de l'escroc.
Et là, de son ongle pointu,
flanqua une piqûre
à la sinistre figure!

— Aïe!!!

Le fils de Thomas

Comme l'on écrabouille une mouche qui pique,
le filou attrapa le badin microscopique
et entendit cette réplique :
— Si vous m'emmenez chez le curé,
   c'est moi qui me faufilerai dans la chambre du bas,
   et je vous glisserai
   le trésor caché sous le matelas.

Voilà un bel arrangement !
Ils furent d'accord, les mécréants !

— Prêts ? Partons !

À minuit, tout le monde dormait au presbytère,
en bas, le curé et le vicaire,
 la servante en haut,
au-dessus des cléricaux,
le chat, les oreilles dans le poil,
et le chien au pied du poêle.

Dans le plus grand silence qui puisse être...
Tom Pouce fut posté sur la fenêtre.
De là, à travers les barreaux il se faufila
Mais une fois à l'intérieur, il hurla :
— Venez, crétins !!!
   Voilà le butin !!!

— Chut ! chois chérieux !
   lui chuchote le chef.

Mais Tom Pouce résonna comme un tambour
comme si les voleurs avaient été sourds :
— Venez, crétins !
   Voilà le butin !
   Venez, crétins !
   Voilà le butin !

À la fenêtre, à l'étage, pendant ce temps,
la servante ne tarda pas à se montrer le nez et les tresses,
mais les bandits, au même instant,
déguerpissaient comme s'ils avaient eu un pétard aux fesses!

La pauvre aux aguets, dans la noirceur,
n'entendit plus rien
et retourna se coucher avec sa peur.
Elle réussit malgré tout à dormir comme une bonne
jusqu'à ce que son réveil ne sonne.

Pendant ce temps,
Tom Pouce s'était sauvé dans la grange.
Là, à travers le foin,
il s'était fabriqué un nid,
un tout petit nid de rien,
pour passer la nuit.

— Ah! sauver l'argent du curé, ça épuise!
 Demain, dans mon lit, je dormirai à ma guise...

Et avec délices, il s'endormit,
Et ronfla, ronfla, ronfli...

Cependant, au petit matin,
la servante voulut faire son train.
Elle devait tirer sa vache avant le déjeuner.

Dans la grange, elle fit son entrée,
ramassa une botte de foin
et se dirigea vers l'étable plus loin.

Mais dans ce foin,
on l'aura deviné,
il n'y avait rien de moins
que Tom Pouce, couché,
le menton sur les poings.

La domestique disposa ce foin dans la crèche
si bien que la vache, à grande gueulée,
avala la gerbe fraîche
avec le poucet!

Oui, l'on peut dire que le petit,
dans cette gueule de vache,
fut bien surpris!
Surtout quand...
par le claquement des dents...
il fut réveillé!

Il se croyait bloqué
dans une roue de moulin
meulant son grain,
tant le vacarme allait bon train.
Et que dire de la noirceur qui s'épaississait?
De sa place qui rétrécissait?
Tom Pouce comprit que ne jouant pas à cache-cache,
c'est dans la panse de la vache
qu'il était descendu.
Il cria alors sans retenue :

— Oh! oh! oh!
    plus de foin, merci!
    Je suis suffisamment servi!

Commençant à traire sa vache sur son banc,
la servante fut affolée par ces gargouillements.
Elle courut alors chez son maître précipitamment.

— La vache cure monsieur le parler!!!

— Es-tu somnambule, ma fille?

— Non! La parle cure monsieur le vacher!

— Mais tu es détraquée, ma fille!

— Non! non! non!
    La vache parle, monsieur le curé,
    comme je l'ai entendue la nuit passée...
    Venez vite! Ne soyez pas entêté!

Elle ne compta pas jusqu'à trois, la paysanne,
elle agrippa le curé par un bouton de soutane
et, précipitamment,
l'entraîna vers le bâtiment.

Le fils de Thomas

Dès leur arrivée dans la ménagerie,
Tom Pouce, lui,
du fond de sa laiterie,
poussa un tel cri
que le curé, surpris,
blanc comme un surplis
dans son froc noir, s'exclama :
— Il ne manquait plus que cela !
  Il n'y a que le Diable
  qui parle comme ça !
  Cette vache, abattons-la !

On dépeça rapidement la bête parlante.
On garda sa viande de boucherie,
en se déchargeant de la panse encombrante
sur le fumier avec la cochonnerie.

Et Tom Pouce dans ce bouleversement ?
Eh bien ! disons-le ouvertement,
c'est avec le courage d'un géant
qu'il se dépêtra de ce transvasement.

Mais s'il faut tout dire, ajoutons malheureusement
qu'à peine les yeux ouverts
et le nez à l'air,
Tom Pouce fut avalé de nouveau,
cette fois ni par une vache ni un veau,
mais par un loup !

Oui, un loup que la faim pousse.
Oui, un loup qui flaire la tripaille et qui glousse.
Oui, un loup
qui engloutit en un coup
et la panse et Tom Pouce !

— Quoi?
　　Gobé par un loup?
　　Cette fois,
　　je vais en voir le bout!
　　Loup!!!
　　Mon gros loulou...
　　Mon beau loulou...
　　Laisse-moi te conduire à mon logis.
　　Un endroit paisible et joli,
　　rempli de pâtés, de cretons,
　　de boudins, de jambons.
　　Il suffit, pour entrer dans la cuisine,
　　de passer par l'égout qui dégouline.

Prenant cette voix pour celle de sa conscience,
le loup se fit guider par Tom Pouce, en grande diligence,
vraiment tout droit,
vers la maison de sa maman et de son papa.

C'était vrai, le tuyau d'égout
était juste de la bonne taille pour le loup.
Il s'y introduisit par le bout,
et, ô merveille,
tomba sur un festin sans pareil.

Il se bourra,
se goinfra
et rota...

La ripaille finie,
il voulut ressortir par le même conduit;
en enfilant la tête, ça allait,
en glissant le cou, cela allait encore,
les deux pattes passaient elles aussi,
mais...
le reste se coinça!!!

Oui, ce ventre qu'il s'était rempli jusqu'au museau
avait changé de proportion, mais pas le tuyau !
Tom Pouce en profita alors
pour hurler si fort
qu'il attira, entre-temps,
l'attention de ses parents.

Ceux-ci bondirent dans la cuisine,
Mais en apercevant par la vitrine
le derrière d'un loup
piégé dans l'égout,
le père courut prendre le fusil,
la mère courut prendre la faucille.

— Au secours ! Au secours ! Au secours !

À ces cris,
les parents restèrent interdits...

— C'est Tom Pouce, dit la mère,
    je reconnais sa voix !

— Tiens, dit le père,
    il était un si petit gars,
    je l'avais oublié, celui-là.

— Au secours ! C'est moi, papa !
    Je suis dans le ventre du loup, papa !

Ému par l'appel de son fils,
le père demanda à sa femme de baisser sa faucille
qui pourrait blesser sa famille,
avança d'un pas,
son grand fusil il épaula...
et... vlan !!!
Un seul coup, il tira.

La mère se précipita sur la capture
et lui décousit la fourrure
du menton au croupion,
puis, délicatement,
dégagea son enfant.

Le père, longuement, le regarda,
comme pour la première fois.
Puis des nouvelles de son voyage lui demanda.

Tom Pouce lui raconta ses exploits,
depuis le chapeau de l'actrice dans le bois
jusqu'au loup et sa délivrance
de cette fameuse panse.

— Oui, j'ai vu du pays,
        mais je préfère respirer ici !

— Fiston, je t'offre la conduite de la charrette !

— Fiston, je t'offre un coin de débarbouillette !

Et c'est ici que le conte finit.
Quant à moi, quelqu'un m'a dit,
au sujet du petit,
qu'avec les années, son corps et son esprit
se développèrent autant que ses espiègleries.

La souris grise

Il était une fois une petite souris
d'une canaillerie sans compromis.
Oui, oui!
Voyez plutôt le mauvais pli
qu'elle avait pris.

Il y avait dans le cagibi du logis
un petit baril de bière bien mûrie
qui laissait fuir par une craquelure bénie
ses enivrants esprits.

La petite souris,
avec son penchant pour la beuverie,
avait un grand appétit pour ce réduit.

Il n'était pas une nuit qu'elle ne s'endormît
sans avoir englouti son plein demi!
Entendez ceci : le produit
distillé par le conduit fortuit.

Encore ce jour-ci, allant satisfaire sa gloutonnerie,
ne trouve plus le gobelet... parti!

Sapristi!
Le brasseur apprenti a réparé sa bonde qui fuit!
Et bien pis, il a rempli le baril!
Oh! c'est du joli!
Il ne sera pas dit que je vais passer la nuit
sans ma bière chérie.

Et grippe... grippant... grippi...
Elle plongea, *plongit* dans le baril.

Et nage la petite souris...
Et nage la petite souris...
À bout d'énergie, elle s'écrie :

— Cui ! Cui ! Cui !
Cui ! Cui ! Cui !

Un grand chat noir perçoit dans le soir
l'angoisse du désespoir.
Il dévale le couloir et localise dans l'armoire,
fermentant sous le comptoir,
le baril de bière de Grégoire.

— Cui ! Cui ! Cui !
Sauve-moi la vie !

— Une sourrrrris ?
Ventrrrrre grrrrris !
Quelle bonne fin de nuit !
J'ai un vide ici...
qui n'est pas rrrrrempli...
et qui te sourrrrit...
ma jolie !

— Quoi, quoi, quoi ?
Grand chat noir, si tu fais choir le réservoir
de ton maître Grégoire, il t'en fera tant voir
qu'en enfer ou au purgatoire, tu passeras à l'histoire !

La souris grise

Non, pour satisfaire ta boulimie,
Je te suggère un moyen plus *subti*.
Avise de tes beaux yeux gris
ce qui fait face au baril.
Bien. Maintenant, recule d'un pas et demi
et insère dans le bris béni
ta fine queue de mistigri.
Et c'est promis, mon mimi,
je suis à toi pour la vie !

— Sourrrrris, sourrrrris,
je saisis tes parrrrrlas, parrrrrlis !
Je ne veux pas te sauver la vie.
Je veux te crrrrroquer, comprrrrris ?

— Cui ! Cui ! Cui !
Je me noie, je te dis, à barboter ici !
Si tu ne passes pas ton outil par ce petit trou-ci,
tu ne me croqueras pas en vie, foi de souris !

Reculant, comme la souris le supplie, d'un pas et demi,
le chat introduit sa perche de vie
directement au niveau de la souris.

Mais, sitôt saisie cette queue amie,
sans dire merci,
la souris déguerpit !

— Et ta prrrrromesse, souris !

— Cccomment pppouvais-tu croire qu'une souris,
gavée de la bbbière d'un baril,
te raconte une vraie histoire !
Hi ! hi ! hi !
Et... cui ! cui ! cui !
mon conte petit est fini !

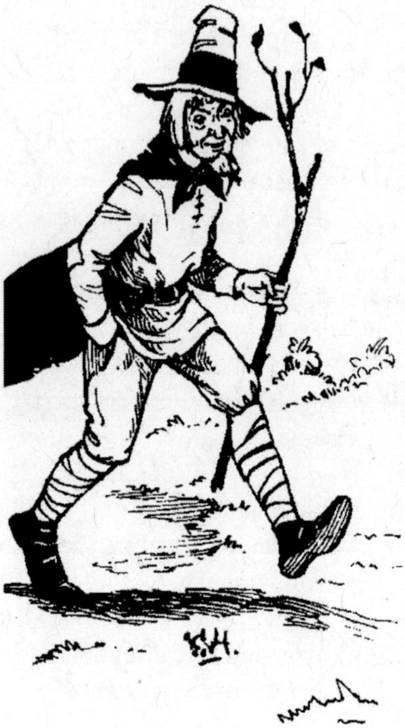

Le franc devineur dans l'âme

Il était une fois un jeune homme
Beau et fier. Rêvant aux filles.
Il ne demandait rien à la vie.
Toujours elle lui souriait.
Benjamin de la famille,
il avait développé
une certaine oisiveté
qui ternissait quelque peu son crédit.

On le disait dépourvu d'ardeur.
L'échine vacillante. Le biceps anémié. La paupière engourdie.
Vraiment, nulle aptitude pour le labeur.
Et surtout aucun penchant
pour en apprendre les rudiments.
C'est à croire qu'à la distribution des qualités et des dons,
ses deux frères s'étaient tout partagé.
Le courage, l'énergie, l'habileté.
Toute la paroisse les citait en exemple.
L'autre, en construction, industrieux comme un castor.
Lui? Un vrai criquet. L'ami du grillon grillant sous le soleil
et de la cigale «cigalant» dès le réveil.
Peut-être était-il né comme cela en fin de compte.
Ne faisant pas partie du conte,
les parents ne sont pas là pour en faire rapport.

L'aîné, au labour, comme son taureau était aussi fort.

Enfin, voici toute l'histoire.
Il courait des rumeurs venant du château
que la princesse, par un beau soir,
avait perdu ses gages,
depuis qu'elle avait éconduit un audacieux jouvenceau
qui pensait plus à la bagatelle qu'au mariage.

Le roi ne pouvant se résigner à une telle perte
allait de consultation en enquête
pour retrouver les joyaux royaux :
une alliance de brillants
et une bague à diamant.

Un grand ménage avait été planifié
pour inspecter tous les recoins.
Tout avait été déplié, secoué,
replié avec soin.
Avaient défilé, du grenier au cellier,
des fouilleurs, des lorgneurs,
des chiens fouineurs,
des radiesthésistes, des agents de police.
Rien. À croire que les gages
s'étaient volatilisés dans les nuages.

Pendant ce temps, chez les trois frères,
le climat se gâtait.
Devant ce flanc mou indécrottable,
la grogne montait.

— Quand donc vas-tu travailler comme tout le monde ?

— Je n'ai pas besoin de me tracasser avec ça,
   vous travaillez, vous, c'est amplement suffisant
   pour vivre.

— Justement, nous avons bien réfléchi, tous deux.
   Nous ne pouvons plus te garder à notre charge.
   Ou tu travailles, ou tu quittes les lieux.

— Travailler ? Vous voulez me faire mourir ?
   Je n'ai pas la musculature entraînée.
   J'aime mieux partir.

Le dialogue ne s'est pas beaucoup plus développé.
À la décharge de Criquet,
le taureau avait ponctué ses propos
d'un coup de talon décisionnel.
Si bien que notre bozo
s'est retrouvé dans le champ de gadelles[1].

Pas question de troubler davantage cette fratrie inhospitalière,
le fainéant réoriente sa carrière.
Et il prend la route. Marche. Marche. Marche.
S'arrête chez un ferblantier.

— Ferblantier,
veux-tu me fabriquer
un écriteau
que je pourrais m'accrocher
dans le dos?

— Je peux fabriquer n'importe quoi.
Que faut-il écrire pour qu'on le voie?

— « Franc devineur dans l'âme. »

— « Franc », vous l'écrivez avec un « c »?

— Oui.

Tandis que le ferblantier tape le métal sur son établi,
notre homme se demande bien où il va passer la nuit.

— Devineur, c'est un bon travail! C'est votre profession?
Je l'aurais presque deviné à votre air de réflexion.

— Oui. Travailler.
Je n'aurais jamais imaginé
qu'une telle calamité
puisse m'arriver.

— Vous devriez faire un tour du côté du château.
On s'affaire beaucoup là-bas pour retrouver un anneau.

Des anneaux? Des anneaux!
D'un air impérial, le nouveau spécialiste sort du local
et ajuste aux épaules sa raison sociale.
Être nourri et logé à ne rien faire, voilà la bonne affaire.
Les trajets dans les contes
ne s'attardent pas aux détours.
Ici, c'est dans l'action que l'on court.

À la fenêtre de son château, le roi aperçoit notre type et son écriteau.

— Hé! vous, dans la rue! Quel est votre nom?

— Sire mon roi, mon nom, je ne le dis jamais.
Car sitôt dit, tout le monde me crie après.

— Alors, franc devineur, j'ai besoin de vos faveurs.
Entrez par la cour aux oies et montez jusqu'à moi.

— Sire mon roi, vous avez une basse-cour à gagner tous les concours!
Que puis-je faire pour vous plaire?

— Ma fille a perdu ses gages, personne ne les a retrouvés jusqu'à présent.
Si vous êtes un si fin devineur, je vous engage.
Quelles sont vos conditions?

— Sire mon roi,
pour mes besoins de concentration, que diriez-vous
de trois conditions:
un appartement royal, une paix monacale et mon
met national.

— Cela me va.
J'offre en plus cinq mille dollars si vous trouvez ce trésor d'amour.
Sinon, vous serez pendu haut et court au soir du troisième jour.

— Sire mon roi, la pendaison ne m'effarouche pas du tout.
Ma fonction, avant tout, c'est de vous donner satisfaction.
Je vous jure que d'ici trois jours et trois nuits, je vous aurai débarrassé de toute friponnerie.
Et, sur ce, je passe devant vers mon appartement!

Notre paresseux prend ses aises. Ergote mentalement, les pieds sur une chaise. Pourquoi a-t-il osé s'étiqueter devineur? Quelle mouche l'a piqué chez le ferblantier pour inventer un tel métier?

— Mon Criquet, surtout ne te critique pas.
Savoure plutôt ce petit goût qui te roule dans les babines.

Toc! Toc! Toc!
Un serviteur frappe à sa porte, ouvre le battant et conduit jusqu'au divan
un chariot garni de fèves à la mélasse, communément appelées bines.
Plus une purée de râpures de patates et de lard salé coupé en dés,
communément appelée poutine[2].
Festin éclectique voué à un gosier connaisseur.
Le laquais attache au cou de l'invité une serviette de toile damassée
et assure le service avec déférence et rigueur.

— Ahhh! En voilà un de pris!

... En voilà un de pris...
Revenu aux cuisines, le serviteur se tracasse de l'exclamation du visiteur :
... En voilà un de pris... ... En voilà un de pris...
À voix basse en informe ses deux collègues.
Lesquels, à leur tour, s'inquiètent de ce qu'il allègue.

Le lendemain soir, aux appartements de Criquet, même jeu.
Réflexions. Les pieds sur la même chaise.
Et même goût de bines qui roule dans les babines.

Toc! Toc! Toc!
Un serviteur frappe à sa porte. Ouvre le battant et conduit jusqu'au divan
un chariot garni de fèves à la mélasse, communément appelées bines,
plus, une purée de râpures de patates et de lard salé coupé en dés,

communément appelée poutine.
Festin éclectique voué à un gosier connaisseur.
Le laquais attache au cou de l'invité une serviette de toile damassée
et assure le service avec déférence et rigueur.

— Ahhh! En voilà deux de pris!

Revenu aux cuisines, le deuxième serviteur
se tracasse de la même exclamation du visiteur.
À voix basse en informe ses deux collègues.
Lesquels, à leur tour, s'inquiètent de ce qu'il allègue.

Le troisième soir, même refrain aux appartements du fainéant.
Réflexions. Les pieds sur la même chaise.
Toc! Toc! Toc! La porte... le battant, le divan, les bines, la poutine
pour le gosier gourmand, servies avec des pinces d'argent.

— Ahhh! En voilà trois de pris!

— Écoutez, monsieur devineur, mes deux compagnons et moi,
 nous nous rendons bien compte que vous avez deviné
 que les gages, c'est nous qui les avons volés.
 S'il fallait que vous disiez au roi que nous sommes
 les voleurs,
 non seulement nous perdrions nos fonctions,
 mais nous aurions la tête coupée avant le déjeuner.

— En effet. Vous voilà tous trois dans de beaux draps.
En ce cas, je suis prêt à faire un marché avec vous.
Rendez-moi les alliances de diamant
et ajoutez trois cents dollars en argent.

— Monsieur le professionnel, nous y avions pensé.
Mais avant de conclure le marché,
nous voudrions une garantie de votre compétence.
Aussi dois-je voir à l'essai votre expérience :
vous voyez la tasse renversée dans cette soucoupe ?

— Oui! Oui! Oui!

— Hé bien! qu'avons-nous caché sous la tasse?

— Oh! Oyez! Oyez! Oyez! Mon Criquet, t'es pris!

— C'est ça, exactement! Un criquet!!!
Nous pouvons vous faire confiance. Mais comment
avez-vous pu deviner?

— Oh! mon brave, chaque métier a ses secrets.
Je me garderais bien de vous dévoiler les miens.
Je vous accompagne aux cuisines recueillir le fruit
de ma rapine.

Cachés dans l'alcôve près du four à pain, on remet à Criquet et les alliances et son gain. Celui-ci subtilise de la poutine, en forme une boule, enlève le lard du milieu de la pâte et y insère les gages. Et ni vu ni connu, court vers la basse-cour et lance la balle au jars, qui l'avale.

Une heure plus tard, le roi convoque Criquet.

— Le temps est venu de me rendre les alliances perdues.

— Sire mon roi, vous avez dans la cour un troupeau d'oies. Vous voyez le gros jars, par la fenêtre. C'est lui le coupable. Si vous le tuez, vous allez récupérer ce que vous cherchez.

— Pas mon beau gros jars? La fierté de ma basse-cour!

— En plein ça, sire, mon roi.

— Si je ne les trouve pas, sacré grigou, c'est à toi que je tords le cou.

Le roi a exécuté le plan. Est tombé dans le panneau.
Dans la fale[3] de l'oiseau a retrouvé les anneaux.
A fait mettre la viande au pot.
A convoqué tout le monde à un banquet.
A remis les cinq mille dollars à Criquet.
Ah! Et prime surprise, lui a permis de courtiser sa fille.

---

[1] *Gadelle*: groseille.
[2] *Poutine*: recette de Tracadie-Sheila, Nouveau-Brunswick.
[3] *Fale*: en parlant des oiseaux, signifie «jabot» ou «gorge».

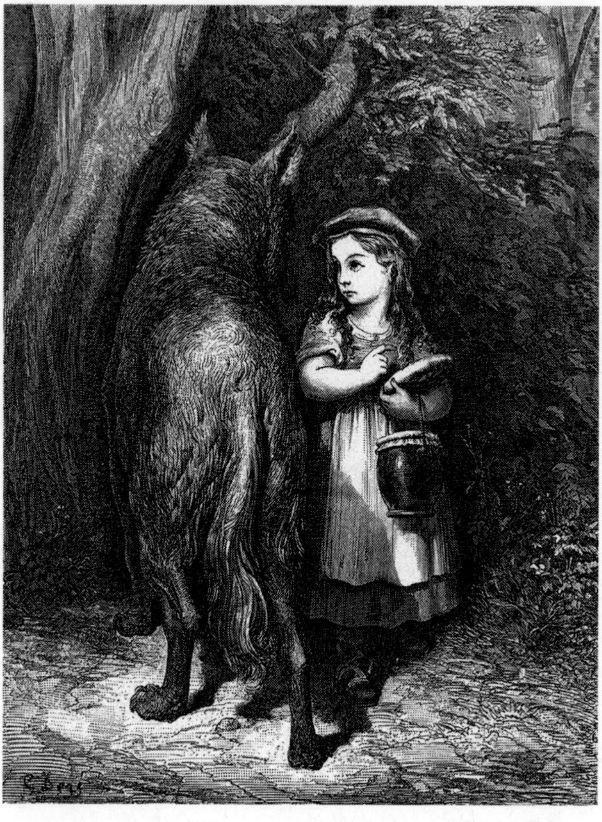

Prends ce panier, ma Loup-Loup

Il était une fois une meute de loups avec une femelle qui courait partout pour... Oh! J'ai l'air de raconter un conte, mais c'est plutôt une histoire en parlure animale. Moi, je ne suis là que pour la traduire, même si je n'ai pas l'accent. Donc... une fois, c'était une meute de loups. Avec une femelle qui courait partout pour nourrir sa portée, sa portée de six *louvats* affamés, bien gras, presque des jeunes loups. Un père. Qui courait aussi. À tout vent. À toute chasse. Et une grand-mère qui ne courait plus.

Puis, au printemps, a surgi dans cette lignée une nouvelle venue. Toute velue. Très vite s'est mise à gambader avec les affamés. Oh! Elle n'allait pas très loin : la mobilité est réduite lorsque de grands coups d'arrière-train font mine de montrer le chemin et, qu'en mots de carnivores, les mâles de la meute s'égosillent comme Stentor :
  — Tu n'es pas des nôtres! Tu n'es pas des nôtres! Tu n'es pas des nôtres!
  — Mais oui, ma queue est longue et mon poil est gris.
  Et de faire des «aouh! aouh! aouh!» pour confondre les voyous.

Un jour que toute la chibagne[1] part en virée, les crapauds de louveteaux inventent un jeu de cachette[2] pour laisser en plan la cadette. Le museau fourré dans les pattes, elle compte en chiffres d'animal. Et compte... et 55... et 58... et 57... Et le temps a passé. En minutes. En heures. Jusqu'à la noirceur.
  — Aouh! aouh! aouh!
  — Tiens! J'entends les miens qui reviennent. Aouh! aouh! aouh! qu'elle fait vite pour les appeler à son tour.
  Mais hélas... Elle ne différencie pas bien ceux de sa tanière. Elle aurait dû se tenir aux aguets. Elle n'a pas encore

appris, la loupiotte, qu'il y a des chiens de prairie. Les coyotes!!! Qui hurlent de la même manière.
— Oh! qui se dardent sur elle? Des théâtreux qui se donnent en spectacle. Quelle bande de cabotins! Des bourrasseux[3]. Des faiseurs de simagrées. Un paquet de nerfs lui tire la queue. Trois petits comiques au-dessus d'elle, comme des babouins, se grattent les aisselles et lui déclament, dans leur parlotte de coyotes :
— Sens bien! Sens bien! Nous embaumons la rose et la mouffette. Relève-toi. Viens faire la fête. Tu auras le premier rôle. Tu seras la plus drôle.

Outch! Un coup sec dans les côtes ne l'amuse pas du tout. Elle bondit et mord l'oreille du premier venu. Sa petite mâchoire est si fermement tendue que lorsque la tête du lutteur finit par se dégager, il a une oreille en moins. La bande de chafouins prend peur. Oui. Ils ont décampé, les faux culs. Plus vite qu'ils ne sont venus. Elle crache l'oreille dans son petit panier. Et pense en ses pensées de loup :
— Quelle bande de bouffons! Je raconterai à grand-mère ce qui m'est arrivé. Elle qui ne court plus. Saura-t-elle croire en mon histoire de coyotes. De vrais coyotes!

Que noire! Que noire est la nuit! Pour se changer les idées, la louvette fredonne la berceuse de son aïeule au petit panier pendu en breloque à son cou :

Prends ce panier ma Loup-Loup
Pour quoi faire grand-mère
Pour le remplir ma Loup-Loup
Pour y mettre quoi grand-mère
Pour une oreille de bravoure
Pour un croc de remède
Pour un poil d'amitié
Que tu me rapporteras

Quand tu seras prête à
Le rapporter
Prends ce panier ma Loup...

Hompf! Abruptement, elle s'effondre dans un gouffre infect. Fétide. Imaginez! Elle qui a l'odorat exquis! Eurk... Un lieu pestilentiel, des odeurs fades et fauves de putréfaction.
— Hum! hum! Mais... où suis-je donc tombée? Oh! ça pue! Aouh! aouh! aouh!
— Dans une tanière de carcajous! Ouah! ouah! ouah!
— Aouh! aouh! aouh!
Qu'il faut traduire par: «Ah non! Pas des carcajous! Les pires ennemis des loups!»

Prise de frayeur, la loupiotte veut remonter. Ses quatre petites pattes patinent sur les parois. Elle glisse et glisse sur un fond de paillasse moite. Elle s'agrippe de nouveau avec plus d'ardeur sur les cloisons du traquenard. Charge et recharge à s'en rompre les reins. À chaque élan qu'elle se donne, toujours elle replonge sur des regards enragés. Des crocs effilés comme des couteaux!

Du fond de son antre empesté le chef des Gulo gulo questionne:
— Pourquoi voyages-tu seule? Ceux de ta race vont toujours deux ensemble!
Il disait bien par là, le chef des carcajous, que cette benjamine ne savait pas se défendre. Qu'il ne pourrait n'en faire qu'une bouchée.
Elle en était asphyxiée, la pauvrette. Sa belle toison grise était tout trempée, on aurait dit une lavette. De plus belle, elle a encore trépigné. Elle a encore piaffé. Et chargé... et bondi... à tel point... qu'elle s'est épuisée. Le vieux glouton a vite vu que le courage de la petite louve était plus grand que sa taille. Il a dissimulé ses canines et lui a soufflé des mots de senteur.

— Tandis que tu te reposes, regarde au plafond. Tu vois ces racines qui pendouillent? Ce sont des herbes. Des herbes guérisseuses. Celles de la carotte crue pour soigner la vue, et si tu t'es écorchée, fais sécher ta carotte, elle guérit les bobos de la peau. Pour éviter la contagion, l'ail et l'oignon. La camomille pour la bile. Le céleri pour faire pipi...
Sur un air de berceuse Gulo gulo, il lui a énuméré toute la liste des maladies. Et, surtout, toutes les recettes pour les soigner.
— Et lorsque, loupiotte, tu sortiras d'ici, tu retiendras ma chanson des maladies pour la vie. Gulotte. Gulo. Guli.

Rompue d'émoi, à portée des gueules nauséabondes, la fragile femelle grise sombra dans un sommeil profond. Et dort. Et dort. Et dort. Le chef Gulo gulo la remonta délicatement hors de la tanière et l'installa à l'abri, dans une creusure du sol.

Toujours est-il qu'à la fin de la saison, elle dormait. Il neigeait. Il neigeait si dru... Que du fourmillement blanc. Que du vent glacial. La brave n'aurait pas vu devant elle à plus d'une enjambée. Lorsqu'elle s'éveilla toute pelotonnée, ouvrant l'œil droit, elle vit un coussin de fourrure. Claire. Ondulée. Referma l'œil. Ouvrit les deux. Que des spirales blanches. Cligna de nouveau du gauche: le coussin jappa. Referma le gauche. Rouvrit la paire. Que de la rafale poudreuse. Plein la vue. C'est alors... que dans cette tempête de jappements, une conversation s'est amorcée.
— Mais comment se fait-il que je m'éveille toute seule au milieu de la forêt. Humpf! Comme ça sent bon le frais!
— Tu n'es pas seule. Je suis là. N'aie pas peur.
— Là où? Es-tu le coussin jappeur?
— Je sais qui tu es. Ta grand-mère t'appelle Loup-Loup.
— Et toi, qui es-tu? Montre-toi que je te voie.
— Cligne des yeux. Tu me verras mieux.
— C'est vrai. Tu es tout petit. Tu as des yeux qui brillent comme des mouches à feu[4]. Alors tu me regardais dormir?

— Oui. Je veillais sur toi.
— Tu fais à peine la moitié de ma taille. Tu es bien bas pour veiller sur moi.
— C'est parce que je suis un terrier. Un chien terrier.
— Quel est ton nom ?
— Comme tu me nommeras.
— Je suis Loup-Loup. Tu seras Mi-Loup.
— Je te suivrai partout, Loup-Loup. Tu pourras toujours compter sur moi. Tu n'auras qu'à m'imaginer à travers tes paupières. Je te ferai escorte. Sur terre. Sous terre. Au soleil. Aux ténèbres. Tiens, en gage de solidarité, prends ce poil de ma toison. Range-le dans ton panier. Au fond. Ma fidélité n'aura d'égale que ton courage.

Et Mi-Loup lui saute au cou.
— Aouh ! Pourquoi tu me plantes un clou ! Aouououhhh !
— Mais je ne t'ai rien planté du tout. Ah ! Regarde... tu as un croc dans la nuque !
— Oh ! Mais... c'est une dent. C'est la canine du vieux carcajou. Je la reconnais.
— Ah oui ! Alors garde précieusement cette dent en souvenir. Laisse-moi la placer dans ton petit panier.

La louvette se mit à murmurer. Et Mi-Loup d'enchaîner avec elle la berceuse de l'aïeule :

Prends ce panier ma Loup-Loup
Pour quoi faire grand-mère
Pour le remplir ma Loup-Loup
Pour y mettre quoi grand-mère
Pour une oreille de bravoure
Pour un croc de remède
Pour un poil d'amitié
Que tu me rapporteras
Quand tu seras prête à
Le rapporter

Durant le refrain, des réflexions ont jailli du panier. Des pensées d'entreprise... Alors là... d'un commun accord, les complices filèrent vers la tanière pour retrouver la grand-mère.

Lorsqu'ils sont arrivés au repaire, sont tombés nez à nez sur toute la fournée. Loup-Loup s'entendait si bien avec Mi-Loup que, pour la circonstance, elle l'a singé, elle a porté sa queue en trompette!

On sait que les loups portent toujours leur queue frôlant le sol, c'est pour cela, peut-être, que tous fixaient des yeux questionneurs sur les voyageurs. La femelle qui courait partout, la portée de louvats affamés, le père qui courait aussi à tout vent, à toute chasse.

Et la grand-mère qui ne courait plus.

Sauf son aïeule, la meute n'a pas reconnu la nouvelle venue du printemps dernier. À dire vrai, il y a des occasions chez les loups qui n'ont pas besoin d'être hurlées pour être expliquées.

La fine bête a déposé son petit panier.
La grand-mère a hoché la tête,
a pris entre ses griffes l'oreille, le croc, le poil,
dans la terre les bien a frottés
pour les réduire en poudre granulée.
A invité Loup-Loup à s'y rouler.
Puis, après que la jeune louve se soit ébrouée,
Sa grand-mère lui a souri, l'a bénie.

Alors, entre chien et loups, la jeune louve s'est faufilée pour entreprendre sa foulée. La foulée de sa race qui dure huit jours.

L'histoire finit bien. Presque comme un conte. Dans une clairière a rencontré un jeune grand loup. Ont bâti une tanière.

Et l'ont remplie de petits loups.

---

[1] *Chibagne* (ou *shebang*): bande de gens.
[2] *Cachette*: québécisme pour « cache-cache ».
[3] *Bourrasseux*: bougon.
[4] *Mouches à feu*: lucioles.

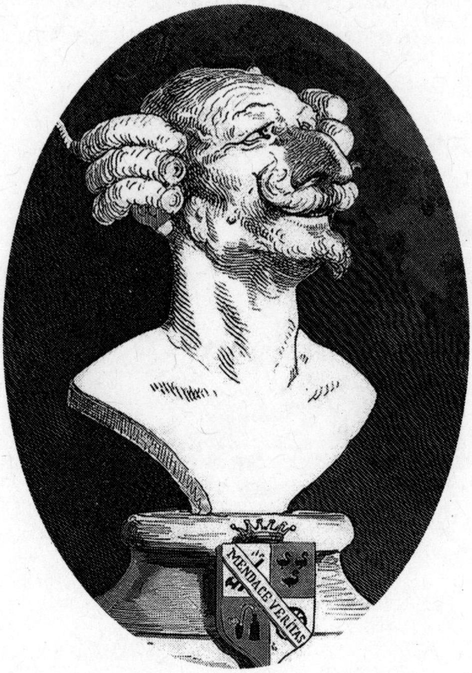
MENDACE VERITAS

Le père qui voulait épouser sa fille

Il était une fois une très belle dame,
mais superbement fière de ses charmes.
Elle avait un mari,
la crème des maris :
jamais une idée de travers,
galant et prospère.
L'union idéale ! Oui, oui, n'en cherchez pas de pareille,
seul mon conte aura produit une telle merveille.

Était-il roi ?
Était-elle reine ?
On l'aurait cru, ma foi,
à voir leurs jardins, leurs fontaines,
leurs tourelles,
leurs tourterelles.

Ils pouvaient tout se permettre
et se promettre,
à preuve, s'ils parlaient d'amour
ils allaient jusqu'à dire :
Je ne te quitterai jamais.
Ou bien :
De toute ma vie, je n'aimerai que toi.
Vraiment, ils étaient sûrement reine et roi.

Et sur cette bonne lancée,
une petite fille est née.
Le vrai portrait de sa mère,
sauf pour le caractère.
Dans des conditions aussi exemplaires,
pendant quelques années, le bonheur
s'installa dans leur demeure.

Mais un soir, la maladie,
rôdant par ici,
profita d'un courant d'air
pour s'abattre sur la mère.

Aussitôt, le mari fait venir les plus grands médecins,
consulte les plus chers chirurgiens,
mais ni conseils ni ordonnances
ne calment la souffrance.

Sentant le souffle de la mort sur son front,
la reine supplie le roi, son compagnon,
de lui faire une promesse expresse :

— Mon grand, promets-moi
que si je meurs avant toi,
tu ne te remarieras pas...

— Ma toute belle, avec toi je mourrai
plutôt que de me remarier !

Oh ! Pauvre roi ! Comme sa peine est infinie !
On le voit bien à sa tête qui frappe le lit.

— Mais, mon grand, si tu te remariais tout de même,
promets-moi
que ce sera avec une femme
plus belle que moi,
et que tous mes vêtements
lui iront parfaitement.

Bien sûr,
sur sa grande foi,
le roi jure...
Mais malgré ses cris, ses pleurs,
la reine meurt.

Le père qui voulait épouser sa fille

Le désespoir du roi est si gros
qu'il éclate dans les trois cent soixante-cinq chambres du
château !
Durant un jour, vingt jours, cent jours,
c'est le même écho.
Mais comme toute mauvaise chose a une fin,
à tant pleurer,
sa peine s'est épuisée.
Un bon matin,
le roi n'a plus de chagrin
et la fantaisie lui prend de se remarier.

Cependant, son fameux serment
lui revient en mémoire :
*Que la nouvelle épousée
surpasse en beauté
celle d'avant,
et qu'elle entre dans tous ses vêtements.*

Il ouvre grand les armoires
de la belle disparue
et imagine, à chaque tenue,
qu'il revoit ou qu'il frôle
les mille grâces qu'elle dégageait
d'un regard, d'une épaule.

– Que choisir pour faire essayer
à une nouvelle fiancée :
robe d'hiver, d'été ou de printemps ?
Tiens, commençons par ces gants.
Que l'on fasse venir toutes les filles à marier,
des rues les plus proches aux plus éloignées,
et qu'elles défilent en rang
que je leur essaie ces gants !

Et elles sont venues, les filles à marier.
Et elles ont défilé, les filles à marier.

Et elles ont essayé, les filles à marier.
Mais... chez elles..., elles sont toutes retournées.
Oh, oui!
Des mains de toutes sortes, on pouvait en voir!
Des longs doigts, des crochus,
des gros pouces, des battoirs,
des pa-pattes, des mains moites et des griffues,
mais de mains élégantes,
aucune paire qui soit satisfaisante.

Une telle corvée
pour un homme à marier
creuse l'appétit.
Le veuf s'écrie :

— Ouf!... J'ai faim!

Puis, il rejoint
sa fille assise à table.

— Alors, mon père,
cet essayage a été agréable?

Et tout en disant cela,
elle enfile les gants que le roi avait posés là...

Quoi!!!
Ces gants, ces gants
qui n'allaient à aucune femme du pays,
à sa fille chérie
conviennent parfaitement!!!

Un violent amour enflamme le roi pour son enfant.
Que n'a-t-il vu avant
cette beauté inégalée,
cette jeunesse à envier.
Puisque ces gants sont si bien ajustés,

les autres vêtements iront pareillement.
Les conditions du serment
n'en exigent pas tant.
— Ma fille, c'est vous que j'épouse !
— ?... .
Muette d'étonnement.
Un long silence marque son bouleversement...
Elle est incapable
de répondre à cette demande en mariage...
Ni de manger son potage.
Elle enlève les gants, sort de table
et court chez la vieille fée en pleurant.

Cette fée, c'est sa chère marraine
qu'elle consulte souvent
pour ses joies ou ses peines.

— Mamie, mamie,
écoutez donc ceci...

Et la princesse expose à sa confidente,
de son père, l'étrange demande.

— Là... là... là... mon petit...
Il est certain que ce n'est pas une bonne affaire
d'épouser son père.
Cependant, pour ne pas le contrarier,
dis-lui que tu as un caprice à combler
et que s'il peut te l'accorder,
alors vous vous marierez.
Demande-lui donc trois robes sans pareilles :
la première de la couleur du temps...
la seconde aux teintes de la lune un soir de vent...

et la troisième à l'image du soleil!
Mais... comme il lui sera impossible de te procurer ces toilettes,
c'est toi qui auras gagné, ma bichette.

Ce soir-là, au château, son père, dans les mêmes ardeurs,
encore plus pressé que tout à l'heure, veut épouser la
princesse au plus tôt.

— Avant la cérémonie,
il y a quelque chose qui me ferait envie.

— Tout... tout ce que tu voudras, mon enfant!
Voici des bijoux, de l'or, des diamants,
et tous les vêtements
de ta défunte maman.

— Ces toilettes, en effet, sont un ravissement,
mais, pour un meilleur assortiment,
commandez à vos artisans
trois robes aux coloris suivants...

Et, sur les conseils de la vieille fée,
elle décrit les robes désirées.
Oh!!! De mauvais poil, grondant, grognant,
il n'a pas attendu au lendemain
pour donner des ordres!
On devient facilement terrible
quand on est riche et roi
et surtout quand on dit:
Si vous ne faites pas,
l'on vous tuera!

Alors, vous pensez,
les plus habiles tailleurs
se sont mis sur l'heure
à la confection.

Le père qui voulait épouser sa fille

Bien sûr,
commandé sur ce ton-là,
l'on ne fait pas n'importe quoi !
Cherchez où ils ont pu trouver
des tissus aussi fins
que ces brocarts opalins,
ces soies iridescentes
ou ces satins d'or flamboyants.

Et pique l'aiguille et tire le fil...
Et couds, cousins, cousons...
Et pique l'aiguille et tire le fil...
Et couds, cousins, cousons.

Si bien piqué, si bien cousu,
qu'au bout de la nuit,
l'entreprise chiffon
fut réussie.
Avec tambours, trompettes et bassons,
l'on présenta au roi la collection.
Ta-ra-ta-ta ! Ta-ra-ta-ta ! Ta-ra-ta-tine !
Trois robes d'une facture divine
assurèrent au roi
un mariage à matines !

— Et sonnez les matines !
Et sonnez les matines !
Bravo ! Bravo ! Bravo !
Voilà ce qu'il me faut !

Résonne la voix du roi
avec l'audace du taureau.

Tonitruant aussitôt
son triomphe dans l'escalier,
le vainqueur monte réveiller la gamine

avec les robes et la chanson
et digne, digne, et dingue donc!

— Qui toque à ma porte de si bonne heure?

— Fillette, c'est votre futur compagnon
qui a réussi sa mission!
Ouvrez vite! Voici les robes de votre invention!

— Mon père, patientez un moment, voyons,
et laissez dans l'antichambre cette livraison,
car je veux tout à mon aise en faire l'inspection.

Le roi dépose là les robes et s'éloigne,
non sans tempêter:

— À cet âge-là, l'on ne vient jamais à bout de se lever!!!

Que voilà un réveil brutal!
Sans se recoiffer,
le cœur en bataille,
la gorge étouffée de sanglots,
la princesse court chez sa marraine bien-aimée
et lui raconte tout, mot à mot.

— Ma bichette, ma bichette, qu'à cela ne tienne.
Voici d'autres idées qui me viennent.
Tu sais comme ton père aime son âne... son âne Cacaur?
Eh bien, dis-lui que pour le marier, tu veux sa peau
d'abord!

Le conte n'a pas parlé, je crois,
du pourquoi de la richesse
ni de la puissance de ce roi.
Eh bien! Arrêtons-nous et voyons ce que l'on raconte.
Ce bonhomme possédait un âne unique au monde.

Le père qui voulait épouser sa fille

Lorsqu'à l'écurie
il était seul avec lui,
il lui chantait ceci :

**Âne Cacaur,
toi qui chies l'or,
je veux de l'or
encore et encore.** *(bis)*

Aussitôt
des écus d'or tout chauds
tombaient sur la litière par monceaux.
Voilà pourquoi
il est devenu terrible, et riche, et roi...

Mais tandis que nous nous expliquons,
la princesse, elle, est de retour au salon.

— Comment, la peau de mon âne,
mais, ces jours-ci, tu as des toquades en enfilade !

Il a beau faire de gros yeux
et vociférer à qui mieux mieux,
il fait tout de même abattre son âne,
oui, oui, abattre son âne
pour satisfaire son horrible flamme.

Chère petite, pour avoir suivi les conseils de la fée,
elle ne peut plus maintenant reculer.
Elle se sauve dans sa chambre
et s'enferme à clé, avec la peau de l'âne.
Mais !!! Qui voit-elle là, qui lui tend les bras ?

— Mamie, mamie... Quel cadeau !
Comment lui ôter cette folie de la tête ?
Voyez cette peau !
Pour m'épouser, il a tué sa bête.

La vieille prend cette toison
et l'enfile bien d'aplomb
sur la tête et les épaules de sa filleule.
Et pour camoufler son beau visage en sale gueule,
elle la barbouille entièrement de noir.
Cependant, en bas, dans le couloir,
encore parti dans ses fureurs,
ce père crieur
hurle si haut
qu'il en fait trembler tout le château.

— Ne crains plus, fillette, dans ce déguisement,
personne ne te reconnaîtra assurément.
Là, tu vois cette noix que j'attache à ton cou,
j'y ai caché tes trois robes et tes plus beaux bijoux;
je t'en prie, ne t'en sépare pas surtout.
Maintenant,
tu vas partir immédiatement.
Jusqu'au royaume de la mer Bleue tu marcheras,
tu t'arrêteras là-bas, chez le roi,
et un emploi tu lui demanderas.

Par une porte dérobée,
ainsi attifée,
elle quitte la maison
sans éveiller de soupçons.

Et marche...
Et marche...
Et marche donc! *(bis)*

Elle traverse ainsi trois villes, cinq villages et sept vallons
pour se retrouver devant le château de la mer Bleue,
sous les arbres de la grande allée du milieu.
Mais à peine la voyageuse à la robe velue,
à la figure sale et aux pieds nus
a-t-elle franchi le portail royal

que bondissent deux soldats galonnés, éperonnés,
la main à l'épée.
Ils jappent si fort et si mal,
vraiment, l'on croirait voir surgir les gardiens
d'une meute de chiens!

— Tout doux, tout doux,
messieurs, maîtrisons-nous!
Puis-je voir Sa Majesté le roi
sans me casser le cou?

— C'est aux cuisines que l'on reçoit
les guenillous et les grippe-sous!

Qui voit une réception
offerte de cette façon
s'éloigne, comme de raison.

Peau d'âne,
il faut bien l'appeler ainsi maintenant,
Peau d'âne
trouve le chemin des cuisines
et reformule sa demande :

— Je voudrais un emploi
chez Sa Majesté le roi.

Un maître d'hôtel rabougri
répond avec l'esprit du logis :

— Ce château n'est pas un pisse-pot!
Ici, il n'y a pas d'emploi pour toi!

— Mais je ne crains pas la besogne,
je pourrais être bergère... porchère... dindonnière...

— Tiens! Tiens! Comme basse-courière,
oui, tu pourrais faire l'affaire.
Mais tu logeras dans ce cagibi,
au-dessus du clapier, ici.

En voyant cette sagouine,
les valets et les soubrettes,
les laquais et les servantes
aspergent la pauvrette
de leurs rimettes dégoûtantes :

Poilue devant...
Poilue derrière...
Peau d'âne, Peau d'âne,
Poilue devant...
Poilue derrière...
Tu fais peur aux revenants...
Et aux diables, ma chère !

Bien plus, jusqu'au fils du roi
qui, tous les soirs, va au bal,
fait un détour par là
pour voir cet âne original.

Peau d'âne, elle, à l'abri sous cet accoutrement,
si elle endure patiemment les quolibets humiliants,
n'en observe pas moins ce beau jeune homme de loin.
Après quelques jours de ce manège,
elle se décide à lui parler
et lui crie de son petit siège :

— Vous allez au bal?
Emmenez-moi, je veux y aller !

— Ne m'approche pas, clocharde,
ta repoussante saleté
pourrait m'éclabousser !

Le père qui voulait épouser sa fille

Et monté sur ses grands chevaux,
il disparaît au grand galop,
tandis que Peau d'âne ricane
au milieu des dindons et des canes.

Mais Peau d'âne grimpe alors à son taudis,
lave tout son corps et son visage aussi,
détache de son cou sa précieuse noix,
et sa toilette couleur du temps elle déploie ;
puis se pare de bijoux et rubis
et au bal, la voilà partie, elle aussi.

Du fond de la salle des fêtes, le prince remarque cette
jeune beauté,
bouscule les valseurs et vient demander
à la sublime invitée
de lui faire l'honneur de passer avec lui la veillée.
Peau d'âne lui dit oui,
lui sourit,
lui offre sa main et sa taille aussi,
et la musique les enlève dans une gigue réussie.

Cependant, lorsque neuf heures ont sonné,
elle doit prendre congé.
Son cavalier la retient
et veut savoir d'où elle vient.
Elle, virevoltant toujours,
dans sa robe de brocart opalin,
encore plus belle que le jour,
répond dans un éclat de rire malin :

— Je viens de la rue de la Clocharde !
Puis se dissipe dans la nuit blafarde.

Le lendemain, le prince revient rôder près de la basse-cour
et raconte à Peau d'âne
sa rencontre et se pâme :

— Une fille dont je me souviendrai toujours,
parée de superbes atours !

— Elle n'est pas plus belle que moi.

— Il faut que tu te sois regardée à la chandelle
pour te comparer à la plus belle des demoiselles.

— Je sais, j'y étais.

Lorsqu'elle est arrivée,
tous les danseurs vous avez bousculés
pour lui demander de veiller avec vous et danser.
Vous avez également voulu savoir où elle restait.
Dans la rue de la Clocharde, vous a-t-elle répondu,
puis dans la nuit elle a disparu.

— Mais... je ne t'ai pas vue !

— Si vous y retournez ce soir,
puis-je vous accompagner ?
Vous pourrez m'y voir !

— Ne m'approche pas, souillonne !
Tes poux, je ne veux pas que tu me les donnes.
Surtout, ne t'avise pas de mettre les pieds
à cette soirée !

Et monté sur ses grands chevaux,
il disparaît au grand galop,
tandis que Peau d'âne ricane
au milieu des dindons et des canes.

Comme de raison,
Peau d'âne répète son exploit.
Elle sort de sa noix

sa robe couleur de lune,
fait sa toilette et s'habille.
Et lorsqu'au bal
le jeune premier en pâmoison
veut savoir où est sa maison,
elle répond : « Dans la rue de la Souillonne »,
puis s'envole, légère comme une pigeonne.

Le prince revient le lendemain
voir Peau d'âne à son fretin,
pour apprendre qu'elle est encore retournée
à cette seconde soirée
et qu'elle se vante d'être plus mignonne
que la belle de la rue de la Souillonne.

— Comment peux-tu prétendre être la plus belle ?
Si l'on mettait devant toi un miroir,
il se casserait devant cette margoulette noire
tant ta laideur est exceptionnelle !
Mais ces détails, comment les as-tu sus ?
Hier, à cette soirée, je ne t'ai pas vue.

— Si vous y retournez ce soir,
puis-je vous accompagner ?
Vous pourrez m'y voir !

— Ne m'approche pas, pouilleuse,
ton parfum de rat
m'irrite l'odorat.
Surtout, ne t'avise pas de mettre les pieds
à cette soirée.

Et monté sur ses grands chevaux,
il disparaît au grand galop,
tandis que Peau d'âne ricane
au milieu des dindons et des canes.

Ce troisième soir de bal
est, pour les yeux, un véritable régal.
Le fils du roi
ne parvient pas
à contenir son émoi
devant cette créature de lumière et de joie.
Elle brille d'un éclat si radieux
dans sa robe de satin d'or flamboyant
qu'il la demande en mariage sur-le-champ !
Mais Peau d'âne répond, un brin de malice dans les yeux :

— Non, pas aujourd'hui,
et c'est moi qui choisis.

— Mais au moins, mon amour,
cette fois, répondez sans détour.
Dites-moi qui vous êtes
et d'où vous êtes ?

— Je suis une danseuse
de la rue de la Pouilleuse !

Et à neuf heures sonnant,
elle s'éclipse, radieuse.

Chemin faisant,
elle trouve ce prince charmant,
mais est bien vite attirée
par la voix irritée
du valet rabougri :

— Peau d'âne ! Peau d'âne !!!
Le cuistot est parti ce midi,
viens vite cuire les pâtés, les biscuits.
Peau d'âne ! Peau d'âne !!!

Le père qui voulait épouser sa fille

Instantanément, elle bondit
vers son minable réduit,
passe sa robe de bête
sur sa robe de fête
et, sa frimousse salie,
elle court aux cuisines
pétrir la farine.

Mais la jeune fille s'était tant hâtée
qu'elle garde
sa bague d'or diamantée.
Hélas... la cuisson terminée,
elle s'aperçoit
que, dans la fournée,
elle l'avait perdue.

Dans les corridors, elle court
pour rejoindre les valets
qui portent les pâtés
aux invités de Sa Majesté.

Elle surgit tout essoufflée
dans la salle à manger
prévenant l'assemblée :

— J'ai perdu mon diamant dans un pâté !
J'ai perdu mon diamant dans un pâté !
Regardez bien avant d'avaler...
Rendez-le-moi si vous le trouvez.

Mais personne ne croit
au diamant perdu,
bien entendu,
Plus que plus,
pour se moquer d'elle,
ils chantent leur ritournelle,
les malotrus :

Poilue devant...
Poilue derrière...
Peau d'âne, Peau d'âne,
Poilue devant...
Poilue derrière...
Tu fais peur aux revenants...
Et aux diables, ma chère !

— Puisque vous ne me prenez pas au sérieux,
je m'engage... à épouser... le chanceux...
qui découvrira ce bijou fameux !

À cette promesse, les convives
s'écroulent de rire :
« Pour épouser Peau d'âne, vraiment,
il faudrait être dément ! »

L'hilarité déchaîne un tel débordement
que le prince, lui-même, est pris d'étouffement.

Immédiatement, vers la table d'honneur,
les regards se tournent :
« De l'eau, de l'air pour le fils héritier ! »
À son secours,
les valets, les laquais, les courtisans
se précipitent vers lui en disant :
« Levez les bras !
Non ! Dites une fois ahhh !
Non ! Non ! Une tape dans le dos !
Non ! Non ! Non ! La tête en bas !
Mais non ! Il faut qu'il tousse ! »

Cette bousculade de spasmes et de secousses est si vive
qu'elle délivre
l'étranglé
de sa mortelle bouchée !

Le père qui voulait épouser sa fille

Peau d'âne, qui a été oubliée dans la mêlée,
décèle bien vite le diamant dans cette bouchée;
elle dit en s'approchant du rescapé :

— Je vous remercie, prince,
de me rendre avec tant d'empressement
mon précieux diamant.

— Huum... Huum... Qu'on éloigne cette Peau d'âne d'ici !
À cause d'elle, j'ai failli perdre la vie !

Mais prestement, la jeunette,
de sa chemisette,
se bichonne la binette
et...
laisse tomber...
sa peau de bête !!!
En cet instant, pour le prince et ses convives,
apparaît... l'éblouissement !!!
Alors, tel un paysage de givre,
l'assistance se fige
devant tant de beauté.

La princesse,
il faut à présent la nommer ainsi
puisque son nom de bête ne lui sert plus,
la princesse,
comme pour les secouer,
invite le fils du roi à la marier !
Et aux noces, ils vont tous danser !!!

Et ils vécurent heureux,
comme l'ont conté les vieux !

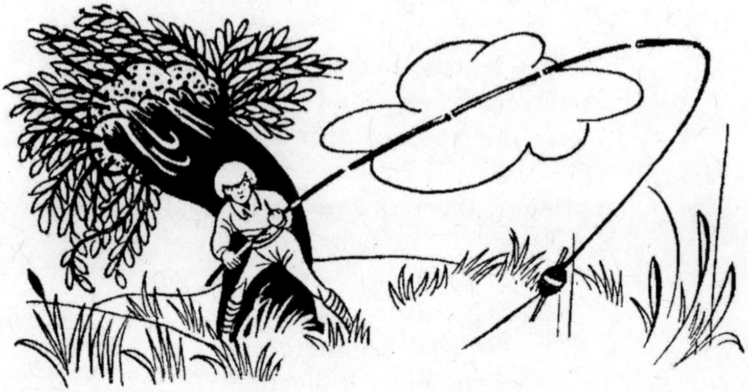

Morvette et Poisson d'or

Il était une fois au bord de la rivière un pêcheur, sa femme et leur fils. De braves gens? Oui. Mais sans discernement. Toujours cassés[1]. Un train-train fade et encrassé. Le fils, qui s'en allait peti-pétan[2] sur ses quinze ans, non seulement avait-il hérité du même parentage, mais était-il affublé d'un tic fort répulsif. Tous les sons qu'il émettait passaient par son nez enchifrené.
— Papa, aujourd'hui je vais à la pêche – *sniff* avec toi.
— Pour te voir morver[3] toute la journée? Il n'en est pas question.

Et son géniteur, péremptoire, lui a dit des mots. Des gros mots. Tels que «même les poissons ne pourraient te supporter!» Le fiston l'a mal pris. Le père a parlé plus vite. La mère a haussé le ton:
— Il serait temps, bonhomme, de lui enseigner le métier de pêcheur, sinon qui nous fera vivre à nos dernières heures?

Après s'être bien fait tirer l'oreille et s'être égosillé de «ouais! ouais! ouais!», le père enfile sa veste. Et dans la barque ils appareillent.
— Garçon, voilà l'abc du métier: le filet à tes pieds, la canne à la main. Tu lances au plus loin.
— *Sniff, sniff, sniff.* Comme ça? *Sniff.*

Oooooupppps! HON! Tombée à l'eau! La canne a glissé de mes mains.
— Oh! non! non! non! Morvette, c'est assez! Tu morves sur tout ce que tu touches. Revenons au quai.

Pour se débarrasser du morvasson [4], le père lui a gréé une autre embarcation avec recommandation de rester dans les environs. Et bonne pêche! Le revers de sa manche sous le nez – *sniff, sniff*:

— Une main sur la canne, l'autre sur l'épuisette et un petit coup sec, Morvette!

La ligne s'enroule dans les rames, Morvette renifle, ravale ses larmes, il tient bon la prise. Une prise qui brille, qui frétille de bâbord à tribord:

— Remets-moi à l'eau! Je suffoque! Je suffoque!
— Oooooooh! Un petit poisson d'or! Il reluit. Il se tord!
— Décroche-moi! Jette-moi à l'eau!
— Eh quoi! Tu parles en plus!
— Je t'en supplie, Morvette, remets-moi à la rivière!
— Morvette? Non seulement tu parles, mais tu connais mon nom! Tu es trop beau – *sniff*! Arrête! Toi aussi, tu es un morvaîllon [5]. Arrête de frétiller. Je vais t'échapper. Quand mes parents vont voir mon coup de filet – *sniff*, ils ne me trouveront plus si niais.
— Morvette, si tu me rends ma liberté, je t'accorde un vœu. Désormais, tout ce que tu vas désirer, je te l'accorderai.
— Oh! pauvre petit! Tu pleures! Te voilà plus malheureux que moi. J'aime mieux faire demi-tour et rentrer bredouille.

La larme à l'œil, la narine dégoulinante, Morvette décroche la prise. Au triste son du plouc dans l'eau s'évanouit la pêche miraculeuse.
— Poisson d'or. Poisson d'or. J'aurais préféré rentrer les mains pleines.

Tout soudain, un mouvement frénétique de balancier secoue la nappe d'eau sous l'embarcation. Il surgit de la rivière une fontaine de poissons qui s'abattent dans le bateau. Des dorés[6], des truites, des menés[7], des saumons, des maskinongés[8]. Des moules, des écrevisses. Plein la chaloupe, plein les poches, plein le collet.

Morvette, morvant, n'en croit pas de voir ce qu'il voit. Comme un bon coup n'arrive jamais sans témoin, le paternel flotte, par hasard, pas loin. Le père vacille, pense que son fils a fait une pêche d'évangile. Voilà donc que la cocologie[9] et la vaillance les illuminent. Sur la grève, le maître et l'apprenti halent vite les embarcations et commencent la sélection.

— Morvette, mon jeune flo[10], tu viens de révolutionner la pêche!
Il était un petit navire. (bis)
Trions les plus, plus belles variétés.
Plaçons les poissons, sons, dans un grand panier.
Ohé! Ohé!

— Maintenant, Morvette, mouche-toi. Et va offrir ces poissons au roi.
— Oui, papa.

Le fiston à la toupie, c'est ainsi que les gens du voisinage désignaient la goutte qui lui roulait au bout du nez, le fiston à la toupie, cale bien son panier sur l'épaule et gauche, droite, gauche.

Ah! Au château, il aperçoit au balcon, derrière les volutes de la rampe, une fine silhouette ondulante. Plus il s'avance de l'immense porte d'entrée, plus il distingue les traits raffinés et la mine enjouée d'une admirable apparition. Il *sniffe* sa toupie et... :
— Bonjour, princesse. J'apporte un cadeau pour le roi votre père.
— Mais d'où sortez-vous? Ah! ah! ah! Je n'ai jamais vu quelqu'un d'aussi mal fait! Holà! mon père! Venez rire avec moi! Il y a en bas un Monsieur... de Saint-Épais qui désire s'entretenir avec... le rouais!
— Oh! ma fille, voilà des manières bien déplacées pour une personne de la royauté! La vie vous punira pour ces ricanements à contretemps. Jeune homme, je descends.

Le roi descend. Ouvre la porte de son château.
— Morvette! Je te reconnais! Tu n'as pas changé.
— Sire mon roi, j'espère que vous vous portez bien – *sniff!* Voici les plus beaux poissons de ma pêche du matin.

— Quelles belles prises! J'accepte. J'accepte ton présent avec plaisir.

Le lendemain, le sniffeux retourne à la rivière. Il ne peut s'empêcher de se remémorer les charmes de la princesse héritière. Il demande donc à Poisson d'or une autre pêche du tonnerre. Sitôt demandée, voilà l'eau qui frise de tous côtés. Et hop! les merlans, les dorés, les maskinongés se rangent comme des sardines dans le panier. Morvette-la-toupie cale bien sa pêche sur l'épaule et gauche, droite, gauche, et gauche, droite, gauche. De loin, la princesse voit venir à l'horizon l'ange annonciateur du souper de poisson.
— Ho! ho! ho! ho! Bonjour, monsieur Sniff-Sniff. Je ne distingue pas votre figure au milieu cette mouillure.

La belle ajoute d'autres rires, d'autres moqueries. Le roi, son père, la gronde encore pour ces réparties. Il a honte de la voir jouer ainsi du mépris. C'est vrai que Morvette est limité. Il n'est pas gratifié en bonnes idées. Et s'il en a, elles sont si courtes qu'il ne verrait dans cette jovialité que d'heureux présages. Il aime tout d'elle, tout: sa vivacité, ses cheveux, ses bras, son corsage.

À la troisième journée, notre candide nez-mouillé implore encore Poisson d'or. Splash! Plop! Plic! Plouc! Flac! Il est éclaboussé par mille caracoles! C'est à croire que tout ce qui nage dans les eaux a pris place dans le bateau. Vite! Vite! Gauche, droite, gauche. Gauche, droite, gauche. Audience au château! Au soleil, le crâne de Morvette brille autant de morve que de limon tandis que le soleil de ses mêmes rayons, irradie l'espiègle princesse au balcon.
— Bel archange, où as-tu mis tes ailes? Ton absence m'a été cruelle. Ha! ha! ha! Ton poisson est exquis. Aujourd'hui, j'ai dans la tête une recette qui gigote. Je dirai au roi, mon père, de mijoter une... ha! ha! ha! gibelotte!

Le jouvenceau en reste abasourdi, tandis que la coquine ne cesse de se rouler dans des tourbillons d'hilarité, à tel point que ses éclats de rires donnent vraiment des ailes à Morvette. Les naseaux plus lumineux que jamais, le jeunot rêve à la postérité. À bout de bras, il lève son panier tel un trophée pour lui souhaiter:
— Un bébé! Un bébé tout joufflu! Elle sera plus joyeuse que Marie et son Jésus!

Le soir vient. Bien! Mais autour du petit jour, que trouve-t-on sous le lit de la princesse? Un enfant nouveau-né! Un enfant nouveau-né! Tout rond, chialant comme une petite peste. Dans sa menotte, il tient une boule d'or. Nouvelle agréable? Oh! pas encore! Le château est en émoi. La princesse, ahurie. Les servantes lancent des cris! Le roi est en furie:
— Suffit, ma fille! D'où vient cet enfançon sur l'édredon? Je ne vous ai jamais donné la permission de recevoir des garçons!

— Mon père, il n'y a que le morveux qui se soit approché de ces lieux. Il n'est même jamais monté jusqu'ici. Croyez-moi, je vous en supplie!
— Je vais le coincer, celui-là et ses poissons! Si encore tu n'avais pas ri de ses manies, le ciel nous aurait épargné cet affront. Je veux la preuve de cette agression. Moi, le roi, en grand contrarié, je bats un ban:
> Que tous les mâles de mon royaume,
> des nobles aux truands,
> défilent devant cet enfant.
> Celui à qui le petit présentera sa boule d'or
> sera désigné par le sort.
> Je le nommerai prince consort.
> J'ai dit.

Pêle-mêle, le défilé se met en branle. De partout, les mâles sont attirés par la proclamation. Des campagnes, des villes, des montées, des descentes. Les plus vigoureux jeunes gens sont les premiers sur les rangs. Toutes les classes de la société sont représentées: des princes, des riches, des pauvres, des maigres, des bedonnants. Chacun à son tour, lavés et bien peignés, les coureurs de dote grimacent une risette au bébé et clignent de l'œil à sa menotte. Au bout de vingt et un jours, il ne reste aucun être viril aux alentours. Aucun candidat n'a réussi le concours. L'enfant garde la boule dans son petit poing bien fermé.

Témoin de tout ce chiard[11] dans son coin de pêche, Morvette dépose là son panier et se dirige vers le lieu du décret. Et gauche, droite, gauche, et gauche, droite, gauche.

— *Sniff!* Sire mon roi, je ne suis pas si mal, je veux aussi me présenter comme mâle!

Le rejeton en question lève le petit bras et lance la boule d'or sur Morvette. Le lauréat! Ah! non! Le roi aime bien son poisson, mais de là à accepter comme gendre un nez qui coule comme un robinet, il n'en est pas question. Le courroux du père dépasse la raison!

Attention! Attention!
Soldats de ma garnison,
remettez à la mer ce bateau avarié.
Installez au milieu une cloison.
Descendez la passerelle,
faites-y monter d'un côté ma fille et son rejeton.
De l'autre côté, ce misérable poissonnier.
Ne leur donnez ni à boire ni à manger.
Que nul équipage ne monte à bord.
Que les vagues décident de leur sort.

Sur les flots battus par les vents et la honte tangue le vaisseau. L'embarcation de misère rejoint la mer et les vagues meurtrières. De partout, le bâtiment prend l'eau. La peur et la faim tourmentent la princesse et son petiot.

— Morvette, Morvette, je t'entends saper[12]. Que manges-tu ?
— *Sniff!* De la bouillie.
— Où l'as-tu prise, ta bouillie ?
— *Sniff!* Je l'ai souhaitée.
— S'il te plaît, fais de même pour nous, le bébé meurt de faim. Ajoute une cuiller, surtout ! Hein ? Hein ? Morvette ! Morvette ! Tu as réussi ! Une cuiller et de la bouillie ! Ah ! ah ! Hum ! C'est bon !
— Vous n'avez qu'à désirer, princesse. Demandez. Je ferai le reste.
— Monsieur de Saint-Épais, nous avons de l'eau jusqu'aux genoux, mon plus pressant souhait serait d'avoir un équipage dans un bateau sans trou et... qu'il n'y ait plus de cloison entre nous.
— Plus de cloison ? – *Sniff! sniff!* Quel bon projet ! Poisson d'or, honore cette suggestion ! Plus un bateau. Un équipage. Des jouets, une garde-robe, de la bouillie, des cretons, des bonbons.

Un chavirage en règle surgit. Ballottés d'un bord à l'autre du bâtiment pourri, Morvette, la princesse et son bébé sont transbordés sur un navire capoté. Toutes voiles dehors. Tout équipé. Piloté par un équipage et un commandant galonné.
— Morvette ! Quelle merveille ! Merci ! Mais d'où te vient tout ce pouvoir ?
— *Sniff!* De Poisson d'or.
— Mais qui est Poisson d'or ?
— Un ami – sniff ! qui m'a fait un don à la pêche.
— Un don ! Dites donc ! Dites donc ! Un don ! Ha ! ha ! monsieur Morvette, votre cœur me lance des flèches !

Voilà qu'elle se remet à l'étriver[13] malgré toute l'admiration qu'il lui voue. Plus elle le regarde, plus elle rigole. Elle, il est vrai que la nature l'a comblée. Sa grâce éblouit le bateau. Tandis que le morveux, à l'opposé, rebute nettement la traversée.

— Morvette, dis à ton poisson de te métamorphoser en prince charmant. Hein?

Morvette accueille son désir par un bon *sniff* de plaisir. Poisson d'or est intervenu et le garçon à la toupie a fondu. De jeune pêcheur ridiculisé en prince séduisant s'est transformé.

— Morvette... morv... Prince! Vous étiez donc si gracieux! Vous m'ôtez un doute affreux.
— À votre éclat, enfin, je puis accéder. Faites-moi l'honneur, princesse, de m'épouser!
— Oh! mon prince! Oui! C'est mon vœu le plus cher, mais il faut d'abord demander ma main à mon père.
— Quoi? Le roi votre père qui pour nous a été tant sévère! Mais vous avez raison, ne négligeons rien pour arriver à nos fins. Poisson d'or, érige-moi la plus somptueuse demeure pour demain matin, sur la rive opposée au château de Sa Majesté.

Dès l'aube, toute la région flamboie. De la rivière éclatent des merveilles, des paysages d'or, d'argent, de vermeille. Un palais de songe vibre de mille sonorités: de clochettes, de gongs, de harpes, de violons. Les symphonies diffusent une telle délectation que, à l'aurore, la reine et le roi s'éveillent.

— Que vois-je à la fenêtre? Reine, mon épouse, levez-vous vite, dites-moi que je rêve!

La reine et le roi sont pantois. Soudain toc, toc, toc, quand à la porte de leur chambre apparaît Morvette dans tout son éclat.

— Sire mon roi, je n'ai pas de poisson à vous offrir, cette fois. Comme la princesse, le rejeton et moi formons déjà une famille, j'ai bien l'honneur de vous demander – *sniff!* la main de votre fille.

La main demandée est accordée. Morvette devient dignitaire. La princesse reste pour toujours enjouée et le roi se fait appeler grand-père. Le mariage est célébré. La princesse entonne la note du rire, et la jovialité plus jamais ne les quitte.

---

[1] *Cassé*: être cassé signifie « ne pas avoir d'argent ».
[2] *Petit-pétan*: peu à peu, *Glossaire du parler français au Canada*.
[3] *Morver*: laisser couler sa morve ou encore épancher (au figuré).
[4] *Morvasson*: morveux, *Glossaire du parler français au Canada*.
[5] *Morvaîllon*: morveux, gamin, petit polisson, *Glossaire du parler français au Canada*.
[6] *Doré*: poisson d'eau douce.
[7] *Mené*: vairon, petit poisson d'eau douce.
[8] *Maskinongé*: poisson d'eau douce ressemblant au brochet géant.
[9] *Cocologie*: matière grise, intelligence.
[10] *Flo*: gamin, loupiot.
[11] *Chiard*: belle pagaille, beau merdier.
[12] *Saper*: aspirer bruyamment.
[13] *Étriver*: faire tourner en bourrique, taquiner.

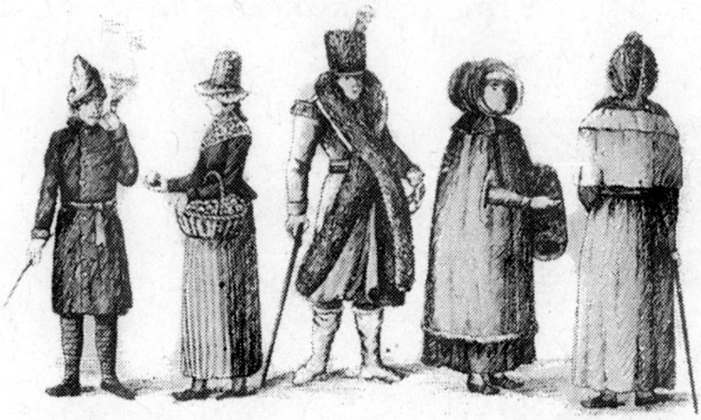

**Les parties du corps
ou
de leur place
dans l'anatomie**

À quelle enseigne présenter ce récit
parmi les contes, les leçons,
les légendes, dans quelle catégorie?
Était-il une fois?

Voici, ma grand'foi[1],
un fait divers:
un sujet de conversation
curieux et abscons
qui ne fit pas un long hiver.
Est-il extrait d'une première version de la Bible?
Tout est possible.

Vous me demandez qui tenait
ces propos d'état-major?
Ne me quittez pas, c'étaient
les parties du corps!

Oui, le cerveau, la bouche, les yeux, les bras,
les jambes *et cetera*.
Alors qu'il n'y avait qu'Adam de créé?
Sans doute. Avec Ève, ils n'auraient pas osé.
Voilà comment cela s'exprima.

« Moi, le cerveau, je serai bref,
je me nomme "chef"
et c'est mon dernier mot!
Il me revient, en notre institut,
qu'aux premières heures
j'aie la parole,
puisque c'est à mon occiput

que le Créateur
a donné le premier rôle :
celui de conserver l'intelligence
afin de diriger avec excellence.
Bref,
moi, le cerveau, je me nomme "chef",
c'est mon dernier mot ! »

« Moi, les yeux,
je me nomme
"dieu" !
Parle-t-on
du front,
du nez, des cheveux
du bon Dieu ?
Non !
Si, par sa lunette triangulaire,
il voit l'infini et l'éphémère,
s'il voit tout, cet œil de Dieu,
jusque dans la tombe,
s'il m'en a donné deux,
ne croyez pas que je me trompe
en affirmant que c'est moi
qui dois
être l'instigateur de toute loi.
Moi, les yeux,
je me nomme "dieu" ! »

« Moi, la bouche, de la parole le moteur,
je me nomme "animateur" !
Je parle franc et clair
et l'on m'entend par tout l'Univers.
Pour être populaire,
il faut du vocabulaire.
J'en ai. Moi, la bouche, de la parole le moteur,
je me nomme "animateur" ! »

Les parties du corps ou de leur place dans l'anatomie

« Moi,
le bras,
je me nomme "supérieur"!
Puisque tous les traités
m'ont ainsi désigné,
à l'unanimité :
le bras est un membre supérieur,
je ne vois pas pour quelle raison
il faudrait changer l'ordre de la création.
Moi,
le bras,
je me nomme "supérieur"! »

« Moi, les jambes,
je me nomme "dirigeantes".
Qui d'autres mieux qu'icelles
peuvent servir de piliers sur lesquels
reposent toutes vos parties?
Si je vous véhicule, elles se plient.
S'il vous faut vous cacher,
elles décampent.
Et vous,
les épaules tout au bout,
vous vous ennuieriez
sans mes jambes à votre cou.
Moi, les jambes,
je me nomme "dirigeantes". »

Pour couper court
à tous ces discours,
la bouche, qui voulait le dernier mot,
c'est toujours un avantage,
proposa de voter sans ambages
pour éviter complot
ou jumelage.

Et bla bla !
Et bla bla !
Le noyau
de ces dialogues viscéraux
éclata ici. Soudain... feutrée, une voix
déclara :

« Et moi... et moi... le pertuis... »

« Oh ! Quel impertinent... le pertuis...
Au moment où tout est fini.
Et d'abord, toi, qui es-tu
qui, depuis le début, t'es tu ? »

« Oh !... l'on m'appelle de bien des noms...
le plus souvent de triviales façons,
mais comme je suis en bonne société...
j'ai choisi cette prosopopée :
pertuis !
Un pertuis, en français d'aujourd'hui,
techniquement, se définit
comme une ouverture
qui permet de retenir l'eau d'une écluse
ou de la laisser passer,
vive ou diffuse.
Alors, je vous saurais gré
de tenir compte de ma candidature.
Sinon...
tous s'en repentiront.
Cependant, si vous me confiez
la direction de votre bonheur...
moi, le pertuis...
je me nomme "recteur" ! »

Les parties du corps ou de leur place dans l'anatomie

Bien sûr,
cette petite voix détestable
ne faisant pas la mesure
a clos
aussitôt
la cabale électorale.

Le comptage des voix ne satisfit
aucune de ces cinq parties.
Chacune s'étant tracé une croix,
il n'y eut pas deux votes pour le même candidat.
Après ce tour de scrutin,
ce fut le tour... du temps.

Le tour du matin.
Le tour du surlendemain.
Et il s'est mis à tourner, le temps.
À faire la bourrique!
À faire, à toutes les parties, la nique!

Le cerveau, hébété,
ne retrouvait plus ses idées.
Les yeux,
chassieux,
se ridaient jusqu'aux oreilles.
Les oreilles
n'admettaient pas la rime avec orteils.
La bouche improvisait la babine
d'un estomac en ruine.
Les bras s'humiliaient
devant la cervelle.
Les jambes, sur le fauteuil,
étaient si fatiguées
qu'elles ne cessaient de répéter :
«J'ai pourtant bon pied, bon œil!»

Le pertuis,
lui,
n'osait laisser échapper
le moindre bruit
devant les membres incorporés
qui confondaient le ciel et la Terre,
en se lamentant du mal de mer.

Puis, à la fin
des fins,
la confusion des rouages
mit un terme au verbiage.
On décida, en dernière instance,
à cause de l'urgence,
de tenir audience.

Entendons-nous, une réunion écourtée
car il y eut unanimité
quant au libellé
du communiqué :

Puisque nous sommes réduits
à être régis
par un pertuis,
allez-y,
recteur,
faites notre bonheur !

---

[1] *Ma grand'foi* : ma foi, ma parole.

Le Diable et
ses trois cheveux d'or

Il était une fois, dans une région assez reculée, une fermière et un fermier qui étaient si vaillants que, bon an, mal an, il leur naissait un enfant. Au fil des années de ce régime, ils en étaient à leur vingtième, vivant! Une année poussant l'autre, l'ardeur ne diminuant pas, en voilà-t-il pas... un vingt et unième autre!

Du chemin, l'on entendait les commentaires sur la joie de développer la famille, mais aussi sur la vie chère et la misère. Enfin, sur ces considérations, alors que l'on se grattait le menton pour trouver un parrain au dernier rejeton, une sorcière, prenant le frais devant cette maison, se mêla à la conversation :
— Ne vous faites pas de soucis pour Ti-Jean, il sera toujours chanceux! Et retenez bien ceci : à l'âge de quatorze ans, il épousera la fille du roi!

Ce roi-radin-et-coquin-et-riche-à-craquer se promenait parfois parmi ses sujets, et pour leur arracher leurs secrets, il se déguisait pour ne pas être remarqué.
— Y a-t-il du nouveau dans les parages? demanda-t-il d'un air innocent, ce fameux jour de la naissance de l'enfant Ti-Jean.
— Et patati... et patata... et je ne te reconnais pas... et patati... Eh oui! Encore un enfant chez les Gros-Jean, un bébé... né coiffé... et une sorcière qui les a visités a prédit... et patati... qu'à quatorze ans, il marierait la fille du roi... et patata...

Justement, ce roi-radin-et-coquin-et-riche-à-craquer avait une petite fille, une pure merveille, qui l'eut cru, avec un père pareil! Le roi se fit immédiatement conduire chez les parents Gros-Jean et, avec son plan... il leur dit, de ce même air innocent:

— Toutes mes félicitations pour ce charmant bambin! Puis-je avoir l'honneur d'être son parrain? Et puis tiens... chers citoyens, vous qui élevez aussi courageusement autant d'enfants, laissez-moi vous soulager, confiez-moi ce nouveau-né, je paierai pour tout comme pour mon fiston, du biberon jusqu'à l'instruction!

Un peu plus tôt, vous avez saisi, dans le brouhaha des patata et patati, que le bébé était né coiffé. Alors, comme les parents des vingt enfants connaissaient bien le dicton « Naître coiffé, c'est le bonheur assuré! », bien courte a été leur hésitation en voyant... sonner le bel argent que cet homme leur tendait. Ils lui vendirent Ti-Jean, persuadés que la chance le suivrait.

Le roi quitta rapidement cette maison et mit le bébé dans une petite boîte. Sur le chemin qui le menait à la rivière, il marmonnait :
— Ah ! Tu veux marier ma fille, hein ? Tu veux marier ma fille, hein ? Hein ? Hein ? Hein ?
Il atteignit la rive. Il chercha un point d'eau vive, là où la rivière était bien creuse, se débarrassa de cette petite boîte fâcheuse et rentra au château, ravi d'avoir éloigné de sa fille un mari aussi mal assorti.

Cependant, ce fâcheux petit paquet était si bien bouclé qu'il n'a pas coulé. Non, il glissa sur les flots comme Moïse sur les eaux, jusqu'à l'écluse d'un moulin à eau où le meunier à ses moulanges[1] turlutait : *Mouds. Meulons. Meulez le blé. Tac et tac et tac et tac.*
— Tiens ! Qu'est-ce que c'est ? dit le meunier qui aussitôt prit un long crochet pour tirer ce colis suspect.
En soulevant le couvercle de la petite caisse, son étonnement fut si grand qu'il tomba sur son séant. La boîte entre les jambes, l'enfant entre les mains, il mâchonna entre les dents :
— C'est chaud... ça gigote... c'est charmant... ça gazouille... c'est... comme un enfant !!!
Il entra au moulin, derrière, montrer la trouvaille à sa meunière.
— Regarde ce que la rivière nous a apporté !
La meunière, méfiante, lui a rétorqué :
— Hum ! La rivière... ou tes fredaines ?
— Non ! Non ! Tu peux en être certaine ! C'est la rivière qui l'a apporté ! Vois, le dessous du coffre est tout mouillé.

Mais sitôt qu'elle tint le poupon dans ses bras, la meunière éclata de joie :
— Enfin, nous avons un petit ! Regarde comme il me sourit !

C'était plaisir de les voir avec ce bébé, eux qui en avaient toujours rêvé et n'avaient jamais pu en avoir. C'est avec grande fierté qu'ils élevèrent le garçonnet, lui apprenant à la fois les bonnes manières et l'intrépidité, tout autant que la façon de moudre le blé. Et... comme ça, quatorze années s'écoulèrent au bord de cette rivière.

Toujours est-il qu'un après-midi, vers trois heures et quelque... alors qu'il paradait, sans déguisement, avec son régiment, le roi eut soif, énormément. Pour se désaltérer, il demanda à boire au meunier. C'est Ti-Jean qui offrit le verre de l'hospitalité. Tout en causant avec ces gens de métier, le roi leur demanda si ce beau garçon-là était leur enfant ou un engagé.

— Ni l'un ni l'autre, Majesté! Vous ne pourriez pas deviner!

— Vas-y, raconte tout, meunier!

— C'est moi qui l'ai pêché, il nous est arrivé sur l'eau, dans un boîtier, comme un petit bateau!

Et tous deux ajoutèrent mille explications sur les péripéties de l'adoption.

Comme ce roi-radin-et-coquin-et-riche-à-craquer avait la mémoire fort développée, il se souvint, c'est certain, de cet embêtant événement. Il imagina alors une astuce pour éliminer ce minus :

— Oh! oh! mais... mais... j'y pense, j'ai oublié de dire à la reine une chose de la plus haute importance!
— Qu'à cela ne tienne, sire, voyons, notre fils peut vous faire cette commission! dit aussitôt le meunier, qui lui tendit enveloppe et papier.
Alors, le roi griffonna :

> *Le porteur de ce billet doit être tué dès son arrivée, par ordre de Sa Majesté!*
>
> *Le roi, votre époux*

Ti-Jean, ce même après-midi, quitta la meunerie comme livreur de messagerie. *Marchons de reculons, et marchons d'avançons. Marchons sur les saisons, usons nos bottillons.* Marchant, chantant, quelque temps après se retrouva Ti-Jean, dans un bois sombre et épais, devant une cabane particulière aux allures séculaires.

En poussant la porte, il sursauta alors qu'à l'intérieur une vieille ogresse s'exclamait :
— Mais... mais... mais... Quel toupet! Entrer chez les gens sans frapper!

— Je ne peux plus avancer dans l'ombre. Je dois porter une lettre à la reine, sans détour, je voudrais dormir ici en attendant le jour.
— Dormir ici! Dormir ici! Mais tu n'y penses pas, petit! Si tu voyais mes enfants, sept géants, tous brigands, têtus et gourmands... S'ils te découvraient en entrant, ils te mangeraient à belles dents!

Mais Ti-Jean, sans frémir, s'assit au bout de la table, sans rien dire déposa sa lettre, posa sa tête et s'endormit sans façon, les deux bras en rond. Un peu plus tard, claquant la porte et les talons, les sept géants, en un coup de vent, envahirent la maison et crièrent à pleins poumons:
— Comme ça sent bon mamannnnnnnn!!! Ça sent la chair fraîche, mamannnnnn!!!
La mère ogresse, malgré sa vieillesse, se dressa comme une tigresse et défendit le jeune endormi de la rudesse de ses grands malappris.
— C'est un jeune voyageur qui s'est perdu dans la noirceur. Voyez comme il a belle allure avec sa coiffure. Il veut se reposer au moins jusques à la clarté. Je vous défends bien de toucher à un seul cheveu de mon invité. De plus, il est messager du roi et porte à la reine la lettre que voilà.
Tous les sept bondirent sur la lettre! Mais, en vrai chef, c'est le chef qui lut cette lettre.
— Quoi? Ce roi-radin-et-coquin-et-riche-à-craquer veut tuer ce petit jeune homme?
Le chef des bandits versa une larme, alluma le briquet et brûla le billet. Puis, il en rédigea un autre qui disait ceci:

> *Dès que le livreur vous aura remis cette lettre, mariez-le immédiatement à notre fille. Il faut que mes ordres soient exécutés avant mon retour.*
>
> *Le roi, votre époux*

La substitution achevée, les sept géants s'attablèrent près du porteur, né coiffé, et s'amusèrent à imaginer sa frayeur lorsqu'au soleil, à son réveil, le jeune flo[2] verrait des têtes pareilles.

Mais au chant du coq, quel ne fut pas leur choc lorsque, ouvrant les yeux, Ti-Jean s'adressa à eux :
— Ahhh !!! J'ai bien dormi ! Et vous, messieurs ?

Bien reposé, Ti-Jean reprit son courrier, son chemin et sa chanson : *Marchons de reculons, et marchons d'avançons. Marchons sur les saisons, usons nos bottillons.*

Ti-Jean arriva au palais et vit, à l'ombre, sous le dais, la princesse de quatorze ans qui le regardait en souriant.
— Puis-je voir votre maman ? J'ai pour elle un mot urgent.

Et de regards en sourires charmants, la reine exécuta sur-le-champ ce message surprenant.

Un mariage vite fait ? En effet ! Mais, quand même, pour ces deux jeunes mariés, cela était bien tombé, ils se plurent, sans se questionner, aussi vite qu'un coup de foudre peut arriver.

Cependant, au retour du roi-radin-et-coquin-et-riche-à-craquer, le mariage était déjà célébré.
— Ah ! Je ne suis pas né d'hier ! Il n'est pas dit que cette sorcière et sa prédiction auront raison ! Si tu veux garder ma fille, nom de nom !, tu devras être capable d'aller arracher trois cheveux d'or sur la tête du Diable !!!

— Le Diable... Ho! ho! la bonne excursion! Seulement trois cheveux vous suffiront? Un clin d'œil à sa belle, Ti-Jean partit à tire-d'aile vers sa mission, avec son baluchon, son capuchon et son bâton. *Marchons de reculons, et marchons d'avançons. Marchons sur les saisons, usons nos bottillons.*

Aux remparts d'une ville, une ville frappée d'affliction, un soldat en vigile posa à Ti-Jean deux questions :
— Quel est ton nom? Quelle est ta destination?
— Je m'appelle Ti-Jean, cher compère, et je vais chez le roi des Enfers.
— Personne n'est jamais revenu de chez ce roi cornu! Si tu as la chance qu'il ne t'avale pas tout cru, je te charge d'une commission : demande à cet individu qui connaît toute la région pourquoi notre pommier de pommes d'or qui éclaire la ville la nuit, quand tout le monde dort, et qui nous protège des voleurs n'a plus une seule pomme qui luit et nous laisse plongés dans la noirceur.
— À mon retour, j'aurai ta solution! *Marchons de reculons, et marchons d'avançons. Marchons sur les saisons, usons nos bottillons.*

Mais voilà que se dressa une seconde barricade, et voici les deux questions que lui posa un garde :
— Quel est ton nom? Quelle est ta destination?
— Je m'appelle Ti-Jean, cher compère, et je vais chez le roi des Enfers.
— Personne n'est jamais revenu de chez ce roi cornu! Si tu as la chance qu'il ne t'avale pas tout cru, je te charge d'une commission : demande à cet individu qui connaît toute la région pourquoi ma source est tarie désormais. Une source où coulait une eau claire comme un dimanche de mai, une eau qui avait goût de nectar quand l'alouette chantait tard.
— À mon retour, j'aurai ta solution! *Marchons de reculons, et marchons d'avançons. Marchons sur les saisons, usons nos bottillons.*

Mais, à quelque distance, une rivière freina sa cadence, une rivière sans pont, ni ponton, ni ponceau. Cependant, canotant dans son canot, un canoteur invita le voyageur :
— Quel est ton nom ? Quelle est ta destination ?
Aux réponses à ces deux questions, le passeur chargea le voyageur d'une commission :
— Si tu reviens sauf et sain de chez le Malin, demande-lui donc pourquoi je suis ensorcelé à ce bateau qui m'oblige à ramer sans jamais débarquer.
— À mon retour, j'aurai ta solution ! *Marchons de reculons, et marchons d'avançons. Marchons sur les saisons, usons nos bottillons.*

Soudain, à la fin de son refrain, Ti-Jean glissa et tirebouchonna, comme une hélice sur une pente en colimaçon, jusqu'au fond. Là, sous terre, une trappe s'ouvrit et le culbuta en Enfer, aux pieds de la grand-mère de Belzébuth !!! La vieille diablesse attisant le feu lui demanda de son accent miteux :
— Tu tombes du ciel ? Tu veux te réchauffer ?
— Non, non, non, merci. Je suis un peu pressé !
— Mais, mon petit, il n'est pas dans nos habitudes de laisser sortir quelqu'un qui est entré ici !
— Écoutez-moi, bonne démone, je viens de marier la fille du roi-radin-et-coquin-et-riche-à-craquer, et pour rester marié à sa fille, je dois lui rapporter trois cheveux d'or de la tête du Diable.
— Mais, ses trois poils d'or, mon petit-fils y tient beaucoup trop pour t'en faire cadeau ! D'ailleurs, s'il te trouve ici, il va t'avaler sans merci !
— Me dévorer, lui aussi ? Mais c'est une maladie !

Pas du tout effrayé par ces menaces et ces grimaces, mais devinant une certaine chaleur chez cette gardienne du foyer, Ti-Jean s'enhardit et lui ouvrit son cœur à propos des trois étapes qu'il venait de traverser : celle du pommier,

celle de la source et celle de la rivière, et les trois énigmes qu'il s'était engagé à solutionner.
— Tu m'as l'air d'un bon petit diable, d'un jeune mari bien acceptable. Je vais faire quelque chose pour toi... En disant cela, la grand-mère de l'Enfer le toisa et en fourmi le changea !
— Tiens, fourre-toi dans le pli de ma manche, ici, et surtout sois très attentif à ce que dira mon petit-fils.

Sur cette métamorphose, minuit s'imposa. Tout aussitôt, un train d'enfer secouant le plafond ouvrit la trappe avec une grande détonation. Puis, grondant comme un volcan, dans un boucan de cendre et de suie, le Diable surgit !

Selon sa manie, lorsqu'il entrait chez lui, d'aimer être à l'aise et au chaud dans sa fournaise, Satan se débarrassa de ses vêtements, sans les ranger, évidemment, et l'on vit partir de tous côtés ses bottes crottées, ses gants troués, son veston clouté, son bicorne ratatiné, ses lunettes fumées et ses chaînes rouillées. Puis... ses narines se sont dilatées :
— Ça sent la chair fraîche, mémèèèèèèèère... Ça sent la chair fraîche, mémèèèèèèèère... Où le caches-tu, ce nouveau venu... où est-il, où est-elle... la chair fraîche ?

Et recommença la sarabande pour trouver cette viande. Il fit voler les fourchons et les violons, le soufflet et les boulets, le brasier, le tisonnier. Il farfouilla recoins et orifices, le vrai feu d'artifice !
— Mais il est insupportable ! Il est fou comme le Diable ! Arrête ! Arrête ! Tu es en train de me flanquer l'Enfer en l'air ! L'odeur de chair fraîche, l'odeur de chair fraîche, elle te pend au bout du nez comme ta queue au derrière, cette odeur de chair ! Ça suffit pour aujourd'hui, arrête de chialer et viens manger ! Ragoût de cochon à l'oignon, pour monsieur.

Sans se laver les mains ni se peigner, de la table il s'approcha, et ce fut sur le ragoût qu'il continua de tempêter, grognant qu'il était trop chaud et trop salé, mais l'avalant

comme s'il était à son goût. Quand il eut bien fini son souper, sa grand-mère lui proposa, voyant qu'il se décapait le toupet :
— Voilà deux, trois jours que je te vois te gratter la tête, viens ici que je regarde ce que cela peut être.
Il posa sa tête sur les genoux de la matrone pétulante, et tandis qu'elle lui cherchait des poux, il souriait aux anges. Se faisant ainsi racler le ciboulot, il s'endormit subito... et... au moment où il ronfla bien haut : grattant, grattin, gratteux, arrache un cheveu!
— Aooooooou! Qu'est-ce que tu fais? Tu veux me décorner? Je vais te manger!
— Oh! oh! qu'est-ce qu'il y a, mon chérubin? Tu as faim? Oh! merci, tu me tires d'un rêve bien vilain!
Et sur sa joue velue, jouant d'une petite caresse, elle raconta, la diablesse, qu'elle avait rêvé à une ville modèle, une ville, au milieu de laquelle les pommes d'or d'un pommier qui éclairaient tous les quartiers s'étaient éteintes brusquement et avaient plongé dans l'obscurité tous ses habitants.
— Pourquoi... pourquoi tous ces embêtements?
— C'est moi qui ai fait le coup, pour mieux me faufiler partout. J'ai embusqué, à la racine du pommier, mon rat rouge foncé! Alors il ronge, mon rat! Il ronge! Il ronge! Maintenant, ne me réveille plus avec tes songes!

Bien sûr, dans cette chevelure, elle recommence à jouer de l'ongle... et... quand il se met à ronronner comme une cheminée : grattant, grattin, gratteux, arrache un cheveu!
— Aooooooou! Qu'est-ce que tu fais? Tu veux me décrâner? Je vais te manger!

— Oh! oh! excuse-moi, mon diablotin! J'ai rêvé encore, je pense, hein! Oui...Oui... à présent, je m'en souviens... C'est ça! C'est ça! Il y avait... une source... où coulait une eau, claire comme un dimanche de mai. Cette eau avait goût de nectar quand l'alouette chantait tard. Pourquoi... pourquoi... le sais-tu, cette source ne coule-t-elle plus?
— C'est moi qui ai fait le coup! Cette eau avait trop bon goût! J'y ai placé mon crapaud vert pour tourner la source à l'envers! Bon! À présent, ne me tire plus de mon sommeil, tu veux? Surtout par les cheveux!

Il porta sa patte pelue à son cuir chevelu pour palper ces petits poils qui avaient survécu... son seul souvenir du paradis perdu. Puis, il repiqua du nez dans le giron de la mémé. Et... grattant, grattin, gratteux, arrache un cheveu!
— Aoooooou! Qu'est-ce que tu fais? Tu veux me décapiter? Je vais te manger!

Échevelé, les baguettes en l'air, il voulut faire un mauvais parti à sa grand-mère. La vieille sursauta et, comme se réveillant, elle rassura ce petit-fils bruyant:
— Que peut-on contre les cauchemars? Écoute comme celui-ci est bizarre: j'ai vu un passeur... ensorcelé à son transbordeur... condamné à ramer... sans jamais débarquer... Que lui est-il donc arrivé?
— C'est moi qui ai fait le coup! Comme l'eau ne me plaît pas beaucoup, pour éviter de me mouiller, j'oblige un idiot à ramer. Et maintenant, la paix, tu comprends, la paix! Si tu repars à rêver, je t'assomme!
— Oui, oui, bonhomme, dors sur tes deux cornes.

Le jeu d'enfer était fini. Il dormit, son petit. Et lorsqu'au matin il se *réveillit*, il sortit. De sa manche, la mère-grand extirpa la fourmi, donna à Ti-Jean et sa forme d'avant et les trois cheveux d'or. Et compliments et remerciements! Et bonne chance et vous pareillement! *Marchons de reculons, et marchons d'avançons. Marchons sur les saisons, usons nos bottillons.*

— Me revoici !
— Vous revoilà ! dit le passeur, qui attendait sa réponse depuis des heures.
— Traverse-moi d'abord, la réponse est de l'autre bord.

Débarqué sur la rive d'en face, Ti-Jean dit dans une volte-face :
— Au passant suivant passe ton aviron, ce sera lui, le cornichon ! *Marchons de reculons, et marchons d'avançons. Marchons sur les saisons, usons nos bottillons.*

Au pas de course, arrivant à la barrière du gardien de la source, il lui annonça la deuxième réponse :
— C'est un crapaud vert qui tourne ta source à l'envers. Tue le crapaud, ta source coulera à flots !

Le gardien le retint un moment et, pour le récompenser, lui donna trois mulets chargés d'or et d'argent. *Marchons de reculons, et marchons d'avançons. Marchons sur les saisons, usons nos bottillons.*

Lorsque Ti-Jean arriva à la ville au pommier d'or, voici ce que les soldats apprirent alors :
— Un rat rouge ronge la racine. Tuez le rat et l'eau coulera !

On lui fit également un présent de trois mulets chargés d'or et d'argent. *Marchons de reculons, et marchons d'avançons. Marchons sur les saisons, usons nos bottillons.*

Mais... mais... mais... relevons le menton, mon garçon, et voyons qui t'attend sur le perron !!! Oui, c'est la belle, si belle, si belle, qu'on ne peut regarder ailleurs ! Ah ! comme je t'embrasse ! Ah ! comme tu as été long ! Ah ! comme je suis allé loin ! Fou de joie, de bonheur et de rire, Ti-Jean sauta, dansa et cria :
— Ah ! au diable ces trois cheveux d'or !

Et ces trois cheveux d'or, c'est dans la soupe du roi-radin-et-coquin-et-riche-à-craquer qu'ils sont arrivés. Oh ! le roi ravala bien un peu en voyant les trois cheveux, mais s'étouffa en voyant les mulets, chargés d'or et d'argent.

— Hum ! hum ! Ti-Jean, Ti-Jean, dans mes bras, mon gendre, mon enfant. Dis-moi, dis-moi vite d'où te viennent ces présents ?

Sans se détacher de l'étreinte de sa belle mariée, le marié parla... d'un passeur... d'un bateau... d'une rivière...

— Oui, oui, et c'est sur l'autre bord de la rivière que j'ai trouvé ces trésors... Mais il n'y a pas là de miracle, vous pouvez en faire autant, cher parâtre !

Comme son appât du gain n'avait pas de frein, le beau-père courut à la rivière et fit signe au batelier de l'amener de l'autre côté. Mais une fois traversé, tout juste avant d'accoster, le marinier lui remit les rames ensorcelées !

Là, il s'est mis à ramer... à ramer... à ramer... le roi radin-et-coquin-et-riche-à-craquer !!!

Et, entre nous, je sais qu'il rame encore. Si vous passez par cette rivière, ne lui dites pas que je vous en ai glissé un mot, parce que radin et coquin et riche à craquer comme il est, vous vous retrouveriez sur l'eau !

---

[1] *Moulanges* : ensemble des deux meules servant à moudre le grain.
[2] *Flo* : garçonnet, gamin.

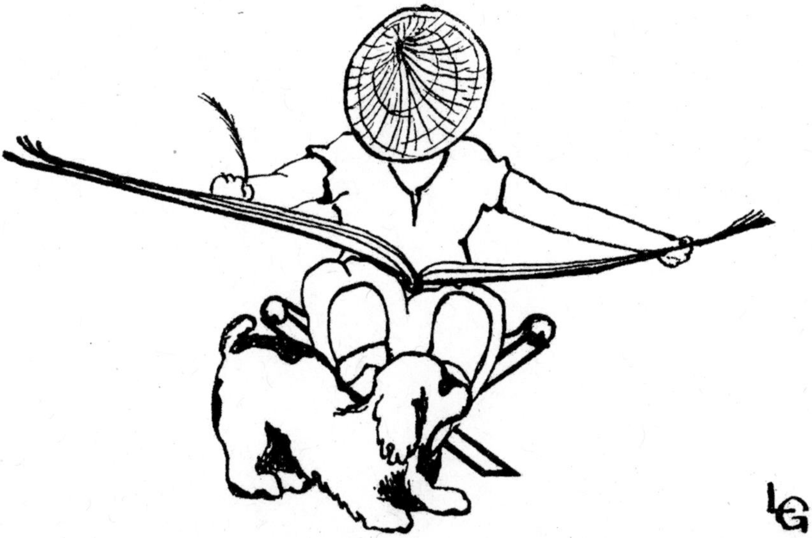

BIBLIOGRAPHIE

Ouvrages généraux

- Bruno Bettelheim, *Psychologie des contes de fées*, Éditions Laffont, 1976.
- Italo Calvino, *Italian Folktales*, Ed. Pantheon Books, 1980.
- P. Delarue et M. L. Ténèze, *Le conte populaire français*, Éditions Maisonneuve et Larose, 1977.
- Antoine Galland, *Les Mille et Une Nuits*, Éditions Gallimard, 1979.
- A. et W. Grimm, *Les contes*, traduction A. Guerne, Éditions Flammarion, 1967.

« Ti-Jean, fin-voleur » – conte type 1525

- Germain Lemieux, *Les vieux m'ont conté*, Éditions Bellarmin :
    « L'homme du paradis », tome 2, édition 1974, p. 110.
    « Le fin voleur », tome 2, édition 1974, p. 171.
    « Ti-Jean, le fin voleur », tome 3, édition 1974, p. 70.
    « Raquelaure », tome 10, édition 1977, p. 23.
    « Raquelor », tome 11, édition 1978, p. 25.
    « Le bœuf aux cornes d'or », tome 14, édition 1980, p. 181.
    « Ti-Jean, fin voleur », tome 14, édition 1980, p. 207.
    « Ti-Jean fin voleur », tome 21, édition 1984, p. 105.
    « Raquelore », tome 23, édition 1985, p. 83.

«La p'tite, p'tite femme» - conte type 2016

- A. Aarne et S. Thompson, *The Types of Folktales*, Academia Scientiarum Fenniga, Helsinki, 1981.
- Marius Barbeau, «Contes et rimes pour les petits», *Le Droit*, Ottawa, 1er juin 1935.
- Archives de folklore de l'Université Laval :
  collection Marguerite Couture ;
  collection Colette Guay, enreg. n° 3.

«La chatte blanche»

- Marius Barbeau, *Les rêves des chasseurs*, Éditions Beauchemin, 1955, p. 105.
- Jean-Claude Dupont, *Contes de bûcherons*, Éditions Quinze, 1980, p. 85.
- Madame la comtesse d'Aulnoy, *Le cabinet des fées*, tome 3, Éditions Amsterdam, 1785, p. 455.
- Clément Légaré, *La bête à sept têtes*, Éditions Quinze, 1980, p. 97.
- Germain Lemieux, *Les vieux m'ont conté*, tome 14, 1980, p. 79 ; tome 10, 1977, p. 251 ; tome 9, 1977, p. 285.
Fables d'Ésope, «Vénus et la chatte amoureuse».
- Archives de folklore de l'Université Laval :
  collection Madeleine Doyon, enreg. n° 5 ;
  collection Serge Gagnon, enreg. n° 66 ;
  collection Donald Deschênes.

«Les gaillards de Mandeville» - conte type 179

- Archives de folklore de l'Université Laval :
  «L'ours et les deux compagnons», collection Catherine Jolicœur, enreg. n° 1491 ;
  «Prégor et Quitquit», collection Luc Lacourcière, enreg. n° 1881.

«Souris et Tison», conte à répétition, conte type c.t. 295 et
2032-2034A

- Marius Barbeau, *Il était une fois*, «Le charbon vif»,
Éditions Beauchemin, 1935, p. 21.
- «La souris et le charbon de feu», collection Conrad
Laforte, enreg. L 178, conté le 13 juillet 1955 par Madame
Grégoire Côté, publié dans *Menteries drôles et
Merveilleuses*, contes traditionnels du Saguenay recueillis
et présentés par Conrad Laforte, Éditions Quinze,
collection «Mémoires d'homme», 1980.
- «La souris et le charbon», raconté le 3 novembre 1958, à
Hagar, Ontario, par Reina Savarie (19 ans), qui l'avait
appris, vers 1950, d'un de ses oncles Savarie, enreg. 1147.
- Archives de folklore de l'Université Laval:
 «L'histoire de la petite souris et du petit tison de
 feu», collection Julien Dupont, enreg. 72, conté par
 Mme Joseph Potvin (84 ans), le 7 août 1963.

«Dis-moi comment je me nomme»

- Aarne and Thompson, *The Types of Folktales*, Academia
Scientiarum Fennica, Helsinki, 1981.
- Delarue et Ténèze, *Le conte populaire français*, tome II,
conte type 500, Éditions G.P. Maisonneuve et Larose, Paris,
1977, p. 213 et 214.
- Germain Lemieux, *Les vieux m'ont conté*, Éditions
Bellarmin, tome 3, 1974, p. 223; tome 4, 1975, p. 301; tome
13, 1979, p. 101; tome 14, 1980, p. 103.
- Louis Fréchette, *Contes de Jos Violon*, Éditions de
L'Aurore, 1974, p. 100.
- Archives de folklore de l'Université Laval:
 collection Hélène Caron;
 collection Armand Cyr;
 collection Luc Lacourcière.

«Le roi Tracas et le meunier Sans-Soucis» – conte type 922

– Aarne et Thompson, *The Types of the Folktales*, Academia Scientiarum Fenniga, Helsinki, 1981, p. 320.
– Marius Barbeau, *Les contes de grand-père sept-heures*, «Le meunier Sans-Souci», raconté par Adélard Lambert, p. 3.
– Germain Lemieux, *Les vieux m'ont conté* :
 «Le meunier Sans-Souci» et «La Barlingue», vol. 2, édition de 1974, p. 65.
 «L'habitant Sans-Souci», vol. 10, édition de 1977, p. 45.
 «Pierrot, valet de l'évêque», vol. 30, édition de 1990, p. 147.
– G. et W. Grimm, *Les contes*, «Le petit berger», Éditions Flammarion, 1967, p. 821.
– Archives de folklore de l'Université Laval :
 «Les trois devines», collection Bouthillier Labrie, enreg. 1889 ;
 «Les questions», collection Luc Lacourcière, bobine 202, enreg. 3845 ;
 «La Grand'Berlingue», collection Luc Lacourcière, bobine 185, enreg. 3390 ;
 «Le berger qui remplace le curé», collection La société historique du Saguenay, ms, n° 1;.
 «Le roi, l'abbé et Janigou», collection Luc Lacourcière, bobine 127, enreg. 1744 ;
 «Conte de l'abbé Sans-Souci», collection Jean-Claude Marquis, enreg. 301.

«Le petit moulin»

Archives de folklore de l'Université Laval :
 collection Dominique Gauthier, bobine G 18, enreg. G 157 ;
 collection Yolande Rhéaume, enreg. 469.

« L'Oiseau de Vérité »

- Archives de folklore de l'Université Laval :
  « L'oiseau de vérité », collection Dominique Gauthier, version recueillie au Nouveau-Brunswick, enreg. 102.

« Le fils de Thomas »

- A. Aarne et S. Thompson, *The Types of Folktales*, Academia Scientiarum Fenniga, Helsinki, 1981, conte type 700.
- Joseph Jacobs, *The History of Tom Thumb*, Ed. The Young Folks', 1938.
- *Grimm's Household Tales with the authors notes*, Ed. George Bell & Son's, 1884.
- Germain Lemieux, *Les vieux m'ont conté*, tome 13, Éditions Bellarmin, p. 39.
- « Le Petit Poucette », recueilli le 21 octobre 1984, auprès de M. Alcide Brunelle, de Saint-Didace, comté de Berthier ; quelques éléments qui lui sont revenus en mémoire :
  - « [...] le père ne pouvait pas admettre que cet avorton sorte de lui. »
  - « [...] il a marié une actrice qui voulait exploiter sa petite taille, mais s'est sauvé. »
  - « [...] après tous ces malheurs, il s'est mis à grandir, mais n'a jamais fait un grand, grand homme. »

« La souris grise » - conte type 111A

Archives de folklore de l'Université Laval :
  « La souris grise », collection Luc Lacourcière et F.-A. Savard, enreg. 1930 ;
  « Le rat chaud », collection Luc Lacourcière, enreg. 3135.

« Le franc devineur dans l'âme » – conte type 1641

- A. Aarne et S. Thompson, *The Types of the Folktales*, Academia Scientiarum Fenniga, Helsinki, 1981, p. 466.
- Germain Lemieux, *Les vieux m'ont conté*, Éditions Bellarmin :
« Criquet, le fin-devineur », vol. 3, éd. 1974, p. 163 ;
« Le bon devineur », vol. 9, éd. 1977, p. 226 ;
« Criquet (Le fin devineur) », vol. 12, éd. 1979, p. 256 ;
« Criquet, le fin devineur », vol. 16, éd. 1981, p. 120.
- Archives de folklore de l'Université Laval :
« Conte du franc devineur dans l'âme. », collection Bouthillier-Labrie, enreg. n° 1348 ;
« Criquet le devineux », collection Jean-Claude Dupont, enreg. n° 487 ;
« Criquet », collection de S. François-de-Fatima, enreg. n° 9, bobine 1 ;
« Le meilleur devineux dans l'âme », collection Georges Arsenault, bobine n° 15 ;
« Criquet », collection Charles-Marius Barbeau, ms n° 32 ;
« Le franc divineur dans l'âme », collection Bouthillier-Labrie, enreg. n° 584 ;
« Criquet le devineur », collection Jean-Claude Dupont, enreg. n° 487.

« Prends ce panier, ma Loup-Loup » – conte inédit de l'auteure

« Le père qui voulait épouser sa fille »

- Marius Barbeau, *Les contes de grand-père sept-heures* (12), Éditions Chantecler, 1953.
- Giovanni Battista Basile, *Il Pentamerone*, Ed. Henry & Co., tome 1, p. 181, 1893.
- Jean-Claude Dupont, *Contes de bûcherons*, Éditions Quinze, 1980.
- Germain Lemieux, *Les vieux m'ont conté*, tome 4, Éditions Bellarmin, p. 263, 1975, 1980.
- Sœur Marie-Ursule, *Civilisation traditionnelle des Lavallois*, Archives de folklore, Université Laval, vol. 5-6.
- Straparole, *Les facétieuses nuits*, tome 1, Ed. P. Jannet, p. 58, 1857.
- Archives de folklore de l'Université Laval :
    collection D. Rodrigue, L. Bergeron, enreg. 190, bobine 12;
    collection Luc Lacourcière, enreg. 1662, bobine 125;
    collection Conrad Laforte, enreg. L-53, bobine L-12;
    collection Marius Barbeau, ms. n° 83.
- Collection cassette :
    Dionne et Bellavance, n° 148.
    Gilles Valière, dir. Descoteaux, n° 30.
    Lacourcière et Savard, n° 1831.

« Morvette et Poisson d'or » - conte type 675

- A. Aarne et S. Thompson, *The Types of the Folktales*, Academia Scientiarum Fenniga, Helsinki, 1981, p. 236.
- Marius Barbeau, *Les contes de grand-père sept-heures*, Éditions Chanteclerc, 1950, p. 37.
    collection Francis Pelletier, bobine 1, enreg. 14;
    collection Marius Barbeau, ms. n° 108;
    collection Marius Barbeau, ms. n° 159;
    collection Jean-Claude Marquis, conte n° 388;
    collection Luc Lacourcière et F. A. Savari, bobine 103, enreg. 1150.

- P. Delarue et M. L. Ténèze, *Le conte populaire français*, tome 2, Éditions G. P. Maisonneuve et Larose, 1977, p. 584.
- Madame la comtesse d'Aulnoy, *Le cabinet des fées*, tome 4, Éditions Amsterdam, 1785, p. 371.
- Jacob et Wilhelm Grimm, *Les contes*, Kinder-und Hausmärchen, traduction Armel Guerne, Éditions Flammarion, 1967, p. 310.
- Germain Lemieux, *Les vieux m'ont conté*, tome 6, Éditions Bellarmin (Montréal) et Maisonneuve et Larose (Paris), 1975, p. 159.
- Germain Lemieux, *Les vieux m'ont conté*, tome 16, Éditions Bellarmin (Montréal) et Maisonneuve et Larose (Paris), 1981, p. 129.
- Germain Lemieux, *Les vieux m'ont conté*, tome 10, Éditions Bellarmin (Montréal) et Maisonneuve et Larose (Paris), 1977, p. 302.

«Les parties du corps ou de leur place dans l'anatomie» – conte type 293

- Archives de folklore de l'Université Laval :
    collection R.S. Catherine Jolicœur, enreg. 1825.

«Le Diable et ses trois cheveux d'or»

- Archives de folklore de l'Université Laval :
    collection Luc Lacourcière, enreg. 621 ;
    collection Conrad Laforte, enreg. 791.

MOT DE L'AUTEURE
À PROPOS DES ILLUSTRATIONS

Lorsque j'ai écrit mon premier recueil de contes, je n'ai pas voulu que ceux-ci soient accompagnés d'illustrations. Je m'étais donné le défi de trouver le mot qui fasse image instantanément, afin que le caractère des personnages qu'on y côtoie corresponde à la représentation que s'en fait l'auditeur, le lecteur. Afin qu'il ne soit pas influencé par l'imaginaire d'un illustrateur. Au deuxième ouvrage, j'ai accepté la suggestion de mon éditeur d'agrémenter mon livre par la présence d'images. Et le peintre Charles Lemay a su esquisser des atmosphères qui se mariaient bien avec mes textes.

Aujourd'hui, je propose une démarche plus facétieuse et qui témoigne de ma passion pour le conte. Des illustrations d'ambiance qui m'ont plu ou m'ont fait sourire. C'est ainsi qu'avec plaisir je me suis mise à fouiller de vieux livres de contes. J'y ai retrouvé des planches fascinantes. Par exemple, celles qu'on voit dans les œuvres de Marius Barbeau, mais aussi de Marie Butts, de Lucille Desparois-Dani, de Charles Dulin, d'Henri Bourdeau et de quelques autres, publiées entre le début et la moitié du XXe siècle. Si elles n'ont pas nécessairement toujours un lien étroit avec les versions des contes que je propose dans ce livre, elles disent toutefois la diversité de notre patrimoine folklorique. Elles amusent, comme le veut le conte. Ainsi, en redonnant une voix aux contes aphones de nos archives, je souhaite, par ce choix, remettre en lumière l'imagerie populaire d'un autre temps.

Achevé d'imprimer
en octobre 2011 sur les presses de
Transcontinental Métrolitho

Imprimé au Canada • *Printed in Canada*